xiangmu qudongxing qiye
jingyi caigou wuliu tixi goujian lilun yu shijian

项目驱动型企业精益采购物流体系构建

·理论与实践·

吴 群 ◎著

企业管理出版社
ENTERPRISE MANAGEMENT PUBLISHING HOUSE

图书在版编目（CIP）数据

项目驱动型企业精益采购物流体系构建理论与实践/吴群著.—北京：企业管理出版社，2022.11
ISBN 978-7-5164-2731-6

Ⅰ.①项… Ⅱ.①吴… Ⅲ.①企业管理—采购管理—物流管理—研究 Ⅳ.①F274

中国版本图书馆 CIP 数据核字（2022）第 196782 号

书　　名：	项目驱动型企业精益采购物流体系构建理论与实践
作　　者：	吴　群
责任编辑：	刘一玲
书　　号：	ISBN 978-7-5164-2731-6
出版发行：	企业管理出版社
地　　址：	北京市海淀区紫竹院南路17号　　邮　编：100048
网　　址：	http://www.emph.cn
电　　话：	编辑部（010）68701322　发行部（010）68414644
电子信箱：	liuyiling0434@163.com
印　　刷：	北京市虎彩文化传播有限公司
经　　销：	新华书店
规　　格：	710毫米×1000毫米　16开本　12.25印张　170千字
版　　次：	2022年11月第1版　　2022年11月第1次印刷
定　　价：	58.00元

版权所有　翻印必究·印装有误　负责调换

前 言

顾客需求的日趋个性化及市场环境的不断变化对众多企业都带来了相当大的挑战。在项目驱动型企业中，工作内容及开展方式均以项目形式为主，具有一次性、独特性的特点，因此，项目驱动型企业受到项目特性的影响，也呈现出一定的特殊性和复杂性。项目驱动型企业的生产及服务业务的开展是由需求拉动的，由于业务特殊性，导致在采购物流中出现计划性不强、流程不畅、效率不高、信息不对称等问题。而项目驱动型企业的采购物流与非项目驱动型企业的采购物流不同，因为每一个项目不同，所涉及的采购、仓储及配送都可能是以前没有做过的，所以项目驱动型企业的采购物流具有不可复制性特点，进而导致项目驱动型企业采购物流难以形成一定的规模和标准，普遍存在采购物流分散、作业流程无法固化、采购物流成本偏高等现象。外部环境的复杂多变需要项目驱动型企业更加重视采购物流体系的建设，以提高企业采购物流体系的鲁棒性和柔性。

本书基于中国博士后科学基金第67批面上资助项目（2020M671965）"面向精敏集成供应链的项目驱动型企业库存管理优化研究"、江西省博士后研究人员科研项目择优资助项目（2019KY12）"面向集成供应链的项目驱动型企业精益采购物流体系构建研究"的课题成果修改而成,在对项目驱动型企业采购物流现状及典型特点分析基础上,提出了面向集成供应链的项目驱动型企业精益采购物流 DPOST 循环圈,并深入解析面向集成供应链的项目驱动型企业精益采购物流体系的结构,进一步考虑 H 公司采购业务所处的发展阶段及现实特点,设计面向集成供应链的 H 公司精益采购物流体系,以期优化企业采购流程、降低采购和库存成本,改善企业采购绩效,构建良好的采购生态体系。本书的创新点主要体现在以下几个方面。

(1) 较新的研究视角。目前,已有文献对项目驱动型企业的针对性研究较少,且多集中于项目管理、战略管理、知识管理和组织管理等层面上,缺少对项目驱动型制造企业采购物流全过程的研究,更缺乏对集成供应链管理视角下的项目驱动型制造企业采购体系优化的关注和系统性研究。项目驱动型企业精益采购物流体系的构建和应用还属于一个全新的课题。本书试图构建面向集成供应链的 H 公司精益采购物流体系,为项目驱动型企业的高效、低成本、内外部协同运作优化提供新的视角。

(2) 独有的研究思路。本书提出项目驱动型企业精益采购物流 DPOST 循环圈,扩展了企业采购供应链及物流管理的研究内容,从"需求""计划""订货""仓储"和"运送"五个层面对项目驱动型企业采购物流进行闭环优化是本书特有的分析思路。

(3) 特别的研究内容。本书针对项目驱动型企业内部业务中的计划、采购、仓储和配送流程进行分解,找到各个环节的瓶颈,并综合考虑项目驱动型企业物料及零备件重要性、需求稳定性、价值、标准性等属性,确定精益采购物流中需求与订单处理流程、采购计划与采购控制流程、仓储与物流管理流程、运输与配送计划流程等多方面的耦合点，最终完成物资需求、计划、采购、仓储和配送五位一体化的、面向集成供应链的精益采购物流体系结构模型设计，这些内容具有一定的挑战性和创新性。

本书希望能为项目驱动型企业采购物流集成管理提供参考思路，也为项目驱动型企业与上下游合作伙伴的供应链协同起到一定的借鉴作用。在本书的写作过程中，笔者参阅了不少同行专家学者的有关著作和论文，在此对他们表示深深的谢意！本书出版也要特别感谢认真并付出辛勤劳动的刘一玲编辑。书中难免有不足之处，恳请读者给予批评指正（56209304@qq.com）。

吴 群

2022 年 9 月

目 录

第一章　引言 / 1

 第一节　研究背景及意义 …………………………………… (1)
 第二节　国内外研究现状 …………………………………… (3)
 第三节　研究内容与思路 …………………………………… (14)
 第四节　本书的创新点 ……………………………………… (18)

第二章　基础理论概述 / 19

 第一节　集成供应链理论 …………………………………… (19)
 等二节　精益供应链理论 …………………………………… (19)
 第三节　精益采购理论 ……………………………………… (20)
 第四节　智慧采购理论 ……………………………………… (21)
 第五节　项目驱动型企业采购特点 ………………………… (22)

第三章　项目驱动型企业采购物流现状及典型问题分析 / 23

 第一节　项目驱动型企业采购物流现状 …………………… (23)
 第二节　项目驱动型企业采购物流的典型问题分析 ……… (26)

第四章　项目驱动型企业精益采购物流体系
    DPOST 循环圈的提出 / 32

 第一节　项目驱动型企业精益采购物流体系
    DPOST 循环圈目标 ………………………………… (32)

— 1 —

第二节 项目驱动型企业精益采购物流体系
　　　　DPOST 循环圈的意义……………………………（33）

第三节 项目驱动型企业精益采购物流体系
　　　　DPOST 循环圈的总体思路……………………（36）

第五章　面向集成供应链的项目驱动型企业精益采购物流体系结构解析 / 45

第一节 面向集成供应链的项目驱动型企业
　　　　精益采购物流体系构成要素……………………（45）

第二节 面向集成供应链的项目驱动型企业
　　　　精益采购物流体系结构模型……………………（46）

第六章　面向集成供应链的项目驱动型企业精益采购物流体系构建策略 / 52

第一节 优化采购计划及流程…………………………（52）

第二节 加强供应商关系管理…………………………（54）

第三节 实施采购成本管理……………………………（58）

第四节 做好采购信息一体化建设……………………（61）

第五节 搭建智慧采购生态体系………………………（63）

第七章　面向集成供应链的 H 公司精益采购体系构建方案 / 66

第一节 H 公司采购现状及典型问题分析……………（66）

第二节 面向集成供应链的 H 公司精益采购物流
　　　　DPOST 循环圈的提出…………………………（75）

第三节 面向集成供应链的 H 公司精益采购物流
　　　　体系结构模型……………………………………（79）

第四节 面向集成供应链管理的 H 公司
采购业务模式创新 ………………………… (80)

第五节 面向集成供应链管理的 H 公司
采购业务流程优化 ………………………… (90)

第六节 面向集成供应链管理的 H 公司
采购管控系统开发 ………………………… (93)

第七节 面向集成供应链管理的 H 公司
供应商管理体系构建 ……………………… (99)

第八节 面向集成供应链管理的 H 公司
采购业务岗位重构 ………………………… (106)

第九节 面向集成供应链管理的 H 公司
采购体系实施保障 ………………………… (108)

第八章 总结与展望 / 113

第一节 全书总结 …………………………………… (113)
第二节 研究展望 …………………………………… (114)

附录一 / 117

附录二 / 152

参考文献 / 167

第一章 引言

第一节 研究背景及意义

一、研究背景

客户需求的日趋个性化及市场环境的不断变化给众多企业都带来了相当大的挑战。在动荡变化的市场环境中,客户需求个性化的特征日益凸显,企业针对独特的客户需求设计定制化的产品和服务,并将客户价值转化的过程作为项目完成的体现,以项目作为驱动力的企业组织形式逐渐应运而生。

项目驱动型企业是以项目为中心,通过建立临时性的项目团队来快速适应复杂的市场环境,并灵活应对个性化和定制化的客户需求。项目一次性、独特性及临时性的特点,导致项目驱动型企业的每个项目在采购、订货、仓储及运送等各个环节中的表现均不相同,而且采购物流中各环节的物料、人员、信息、资金和订单都是分散和流动的,容易造成采购成本高、资源难以优化配置及信息交流不畅等问题。项目驱动型企业往往不能只面向企业内部进行传统的采购批量管理策略,必须从供应链的视角来综合考虑企业的整个生产运营活动及采购的综合决策。

在数字化已成为社会经济发展大趋势的当下,如何对采购物流全过程实施精益化的集成管理,实现项目驱动型企业采购物流体系运转效率最优化和成本最小化,将先进的管理技术和手段应用到企业采购管理活动中并进一步实现采购物流的整合优化及规范有序,已成为大多数企业的努力方向。

二、研究意义

本研究以集成供应链思想为基础指引，关注项目驱动型企业精益采购物流体系构建研究，不仅涉及项目驱动型企业的采购战略规划设计，而且结合具体项目驱动型企业采购物流的实际分析，具有一定的理论价值和现实意义。

（一）理论意义

本研究从精确化需求、精准化计划、精明化订货、精细化仓储和精心化运送等多方面和全流程入手，探索性地提出基于项目驱动型企业的精益采购物流体系 DPOST 循环圈，围绕项目的"需求—计划—订货—仓储—运送"高效执行和动态反馈的闭环，对项目采购物流实施的全过程进行了精益管理和优化设计。项目驱动型企业的精益采购物流体系 DPOST 循环圈的构建，完善了项目采购物流精益管理内容。

本研究提出了面向集成供应链的精益采购物流体系结构模型，为后续模型优化奠定理论基础。本研究将项目驱动型企业面向集成供应链的精益采购物流体系细分成为利益相关者、运作流程和关键因素三个部分，并设计了体系的概念模型。基于体系工程理论将体系划分成为资源层、流程层、协同层和功能层四类不同的层次结构。在此基础上，采用网络分析的方法，构建了面向集成供应链的项目驱动型企业精益采购物流体系结构模型。通过各层级中网络节点和状态的优化设计，从而达到最大限度降低采购物流成本、提高项目交付的质量和效率的目标，解决多目标规划的问题。

（二）现实意义

本研究将集成思想与精益思想进行有机结合，丰富了项目驱动型企业精益采购物流的策略研究。本研究以集成供应链思想为基础，制定了面向集成供应链的项目驱动型企业精益采购物流体系构建策略，其中包括优化采购计划及流程、加强供应商关系管理、实施采购成本管理、做好采购信息一体化建设、搭建智慧采购生态体系等，有利于实现供应链上下游资源的均衡优化及完整的精益采购物流体系。

  本研究为其他项目驱动型企业进行采购物流的精益化集成管理提供了借鉴思路。本研究以 H 公司为例，通过分析其采购现状和典型问题，构建面向集成供应链的 H 公司采购物流 DPOST 循环圈与采购物流体系结构模型，重点关注于 H 公司的采购业务模式创新、采购业务流程优化、采购管控系统开发、供应商管理体系构建、采购业务岗位重构及采购体系实施保障等方面，通过借鉴集成供应链思想，探讨目标企业的精益采购物流体系，可以创新企业采购模式、优化企业采购流程、降低企业采购成本、提高采购效率、降低采购风险及物品的库存量，给企业的持续快速发展注入新的活力，有利于夯实企业精益化管理能力，最大限度发挥降本增效的优势，构建良好的采购生态体系，助力于我国供应链的高质量发展。

第二节 国内外研究现状

一、集成供应链研究

  集成供应链是供应链管理的关键环节，也是供应链节点企业间合作关系的重要体现（陈志祥和马士华，2001；李柏洲等，2018）。不少学者对集成供应链的定义进行了界定，可以认为集成供应链是指节点企业之间通过业务协同、管理集成、知识共享，以及资源整合形成的稳定战略合作关系（Stevens，1989；Lii and Kuo，2016；王佳和梁锦锦，2021），其中，资金流、产品流、信息流、决策流及服务流等流经供应链上下游的各个成员企业（Flynn et al，2010）。集成供应链反映了供应链的集成程度，也体现了上下游企业间合作关系的稳定程度（王永青等，2019）。供应链集成有助于实现资源的优化配置，促进企业间的信息交流，快速响应客户的个性化服务需求，提高供应链的柔性和鲁棒性，从而增强供应链的核心竞争力，达到供应链整体效益最大化（王淑英和肖星野，2018；Jan and Zdeněk，2019）。

在集成供应链含义及作用等理论内容研究基础上，学者们还逐渐展开了集成供应链有关的实证研究。已有研究将供应商集成和销售商集成作为供应链集成的度量指标，以此来探讨供应链集成与企业财务绩效的关系（李薇，2011；郭晓顺和李文婷，2017；旷乐，2018，李咏梅和陈婧钰，2019；李琦等，2021），供应链集成与企业技术创新的关系（张树山等，2021），供应链集成与服务创新能力的关系（秦立公等，2019），以及供应链集成与经济政策不确定性的关系（赵爽等，2021）。

随着研究的深入，学者们开始基于不同算法构建集成供应链模型。Selvaraj 和 Ramasamy（2020）考虑了提前期、库存损失和运费损失对供应商和购买者一体化供应链结构的影响，以此建立了启发式算法模型。Wang 等（2020）结合大数据分析方法，提出针对不同客户群体的集成供应链网络分析客户模式。Gharaei 等（2020）利用广义弯曲分解法构建最小化 MINLP 研究模型，致力于解决多产品多级集成供应链中的联合经济批量问题。Reza 和 Mahshid（2020）采用遗传算法对三阶段集成供应链中的生产配送调度进行优化。Alavidoost 等（2020）针对多产品、多层次、多工厂的集成供应链，提出了模糊混合整数线性规划优化模型。Zhang 等（2020）结合 BIM 和精益方法提出了集成供应链的可靠性评估指标。Maryam 等（2020）运用元启发式算法解决由多个供应商、工厂和配送中心组成的集成供应链网络中多项目多周期的容量问题。孙广磊等（2021）运用网络优化方法，制定了原料供应商、生产制造商及销售商的三级生产订货策略。Mahmud 等（2022）结合自适应多目标启发式算法构建了制造商集成供应链调度模型，以此来响应具有时间窗约束的异质性需求。Saleheen 和 Habib（2022）基于平衡计分卡和 SCOR 模型，设计了集成供应链绩效测量模型。Mahmud 等（2022）引用双目标集成供应链调度模型，并提出了新的元启发式算法，从而解决高度定制和准时交货的问题。

二、精益供应链研究

精益供应链思想源于以丰田为代表的精益生产，指的是将精益思想和原则应用于供应链领域（Lamming，1996）。精益供应链的核心理念是通过最少的付出换取最大的价值（Wee，2009），这意味着消除一切非增值环节，通过精简的团队、环节与系统来最大化地降低成本，消除浪费，并提高产品的生产效率和生产质量（Moyano-Fuentes et al，2019）。与此同时，精益供应链有利于企业灵活应对市场的需求变化，缩短交货周期，以此来满足顾客需求，从而提高供应链的盈利能力（林涛和刘文芳，2015；Diéssica et al，2022；Gabriela et al，2021）。当产品需求稳定且可预测时，精益供应链逐渐成为企业的战略性决策。

除了精益供应链有关含义及作用的理论成果，国外学者还重点关注了精益供应链与绿色实践的协同作用（Rodrigues and Kumar，2019；Al-Refaie et al，2020），探究了精益供应链对供应链弹性和企业绩效的影响（Abushaikha et al，2018；Moyano-Fuentes et al，2021；Marodin et al，2022；Alemsan et al，2022），分析了精益供应链与企业可持续发展之间的关系（Alshahrani et al，2018；Ruiz-Benitez et al，2019），研究了精益供应链与敏捷供应链的区别（Qamar and Hall，2018；Qamar et al，2020）。

此外，学者们探究了精益供应链在不同行业中的实践应用。赵军和陈磊（2021）提出了制造企业可持续供应链的精益策略，包括高效持续的补货、标准化工作流程、需求拉动系统、减少和消除浪费，以及与供应商保持密切联系。Trabucco 和 De（2021）利用回归模型分析发现，在疫情背景下，采用精益供应链的协调机制可以确保产品质量、客户服务及投资回报率保持稳定，推动制造业的可持续性发展，而实施全渠道战略则能促使企业生产、库存、销售环节有序运转，从而提高企业的韧性。Chu（2022）基于造船供应链管理的不确定性，从需求进度变化、产品标准化比例，以及技术规格等方面构建了精益供应链管理改进模型，认为在精益供应链管理过程中，采用专业软件与新技术设备有助于实现企业数字化转型。Hasan 等（2022）探究了孟加拉国成衣制造商的实施状况，发现了生产效率低、交货时间长及质量成本高等问题，因此将精益工具应用于实践中，提出利用资源规划系统加强信息交流，采用 JIT 生产方式提高生产效率，并建立跨职能质量检验团队确保产品质量。

在精益供应链管理理论与实践研究基础上，学者们还探索了精益供应链有关方法和模型。顾复等（2018）建立了包含供应链计划、执行、协调，以及系统的可持续供应链精益安全管理框架，并强调全过程安全管理。齐祥芹等（2019）以亚马孙为例，结合精益思想进行价值流分析，建立了电商供应链成本管理模型。Noelia 等（2019）基于文献中最常用的绩效指标，设计了一种评估供应链精益管理的模型。Zhao 等（2021）将资源有限性、结构精益性和网络鲁棒性原则纳入构建精益供应链网络模型过程中，创新提出了节点移除成本模型。

三、精益采购物流研究

Womack 和 Jones（1997）提出精益思想，强调以越来越少的投入——较少的人力、较少的设备、较短的时间和较小的场地——获取越来越多产出的方法，同时提供客户需要的东西。随着精益思想的提出，学者们发现在采购物流活动中存在许多造成资源浪费的非增值环节（Jing et al, 2021；Argiyantari et al, 2022），进而将精益原则与采购物流相结合形成以 JIT 为核心的精益采购物流（Khalfallah and Lakhal, 2021）。作为增值环节的起点，精益采购物流要求从供应端到需求端的采购、运输、配送、资金管理等环节实现全流程管理，通过建立健全的采购体系促使采购流程标准化和规范化，以此来缩短产品的供应时间（滕箭等，2018）。在供应商管理方面，坚持以公平公开的原则遴选合格的供应商，并与之形成战略合作伙伴关系，从而确保供货渠道的稳定性，提高产品质量的可靠性（Jakhar, 2018）。精益采购是通过订单需求而进行的，通过小批量、高频次及 JIT 生产，实现减少库存或零库存的目标，帮助企业全面降低采购成本，提高生产的灵活性，从而更快地响应客户需求，创造产品价值（Inman and Green，2018；Buer et al，2020；Talib et al，2020；Cornejo et al，2020）。精益物流的改善是一个持续的过程，同时也是一个系统工程，精益物流系统中存在许多相互关联的子系统，对某个子系统进行局部改善将影响到与之关联的其他系统，导致被改善的环节与相关联的环节发生冲突（谌亮和桂寿平，2018；Praharsi et al，2021）。

  国内外学者对精益采购物流的研究多集中在应用方面。吴波等（2017）以烟草行业为例对烟叶的关键业务流程节点进行优化升级，并运用物联网技术构建了质量追溯体系，以加强对烟叶的品控管理。沈长山（2018）分析了饲料厂原料采购现状，提出了联合订货方式和原料库存的三定管理原则，以此确保原料采购均衡化。魏新平和李征（2018）从仓储系统、智能配套系统、物流系统和设备等层面对印刷厂的生产布局进行了优化。Aamer（2018）结合运营层面的影响因素与供应商价值分析，提出了潜在供应商的扩展评估方法。Tasdemir 和 Hiziroglu（2018）以增值木制品行业为例实施精益库存管理，通过系统优化方法，将时间序列、基于回归的需求预测与动态和统计批次大小调整模型相结合，设计了原材料库存管理系统，通过提高库存精简度以实现成本效益。Aglan 和 Durmusoglu（2019）结合精益理念和公理设计原则对厂内物流进行了优化设计。Garza-Reyes 等（2019）将精益思想与约束理论相结合提出了精益 TOC 方法，以此来提高紧急医疗物流服务系统的运输能力。徐洁（2019）将精益采购策略运用于图书馆采购文献资源中，对客户需求进行精准计量与科学分析，规范采购体系，并提出与供应商达成长期稳定的战略合作，以此来确保货源稳定和价格合理。Amrani 和 Ducq（2020）提出通过蜂窝布局、可视化管理、一体式流程和标准化管理等方法提高航天航空行业的精益物流水平。Barkokebas 等（2021）提出运用建筑信息建模技术和精益思想改进异地施工中的采购流程。MuñozLa 等（2021）按照精益管理的要求对结构工程公司采购过程中的废物进行识别，并将非增值活动进行合理分类。王玺等（2022）以车间装配过程为例，通过现状价值流图分析了车间布局，以及物流路劲的不合理性，利用精益思想对车间布局及物流路径进行优化设计，并采用准时制原则提高在制品的配送效率。刘磊等（2022）结合离散型企业装配车间的现状分析制订了模块化备货计划，以促进产品的柔性生产，运用SLP方法设计U型布局方式以优化物流路线，并通过精益生产中水蜘蛛概念设计拉动式物流流转模型，利用看板管理加强信息交互，从而对物料流转实施闭环管理。

四、项目驱动型企业研究

项目驱动型企业的概念最早由Gareis（1991）提出，这种企业被定义为是按项目进行管理，采用一种面向项目的临时性组织来完成项目的业务流程，而这种组织又具有一定的结构，拥有自己的项目管理特点和组织文化。项目驱动型企业的目标是承担和交付项目，通过灵活的项目团队，为客户提供个性化的产品和服务（丰景春等，2018；赖苑苑等，2022）。

项目驱动型企业的生产经营活动体现了最明显的项目管理特点，企业通过借助精益项目管理可以减少项目驱动型企业的浪费，提高利润（Slattery，2002；Banaszak and Zaremba，2006）。模式化管理在项目驱动型企业项目管理中比较常见（胡洋，2012），利用数据库技术开发的项目管理系统可以实现对项目生命周期中物料流和现金流的跟踪监控（Chen et al，2013）。

企业战略、技术和核心能力的提升对项目型企业及项目成功有着重要影响（李杰义，2009；焦媛媛等，2018）；知识管理能力、知识创新机制和策略是项目驱动型企业核心能力的重要体现（李钊和赵金楼，2011；程刚和王影洁，2013；李随科等，2014；刘常乐等，2015；周笑寒等，2019）。项目导向型企业可以通过共享平台、制订制度保障和营造企业氛围等方面来实现知识共享（刘广平等，2015）。

组织结构和特征对项目驱动型企业的战略发展和绩效有着显著影响（卢向南和朱祥松，2004；侯海东等，2008；Woo，2008；朱方伟和范琳等，2012），其绩效评价和考核体系因项目特殊性而呈现多样化（Popaitoon and Siengthai，2014）；通过问卷调查的定量分析可以了解项目型组织的激励、机会等人力资源管理制度对项目工作扰动的影响（安楠等，2020），为项目型组织提出了考虑多种指标的混合管理方法（Atashgar and Taghavian，2020）。

五、供应链协同研究

供应链协同一直是供应链管理领域的热点问题，国内外学者进行了较多的分支研究，研究成果比较丰富，主要集中在有关概念与作用、协同机理、模型与策略等方面。

（1）供应链协同概念与作用。供应链协同是企业通过业务联系以实现资源共享，包括企业内部协同和企业外部协同（Thomas，1996；Manthou，2004）。一方面，供应链协同有利于生产、运输与库存的合理组织，有利于实现收益共享（Cachon，2005；Kanda，2008；Karakitsio et al，2008）；另一方面，通过供应链协同能够增强企业供应链的柔性与弹性（Scholten K. and Schilder S.，2015；吴群等，2020）。

（2）供应链协同机理。供应链的有效协同依赖于内部整合和外部操作两大因素（Holweg M. et al），常见的供应商与零售商二级供应链的协同机制主要是利用回购契约和批发契约提高供应链总体利润（Rajapov A. and Ming J.，2016）；在信息不对称情况下，通过引进惩罚和奖励机制可以促进供应链协同并实现供应链收益最大化（张翠华等，2006）；由于节点企业间的协同深入程度不同，供应链呈现出不同的模式和线链协同关系（鄢飞等，2009；闵新平等，2016）。从生态共生视角来看，绿色创新战略对供应链协同有着显著的影响（解学梅和罗丹，2019），而供应链协同又表现为不同种群间的协同演化（吴群，2020）。

（3）供应链协同模型。从2000年开始陆续有学者关注到供应链中不同节点企业间的协同运作模型（Sabri E. H. and Beamon B. M.，2000；徐琪和徐福缘，2003；Giannoccaro，2004）、供应链协同决策模型（唐小波和黄媛媛，2005；魏炜和申金升，2010；朱晓宁等，2014；Long Q.，2016）。陆续出现了一些利用数学方法建模并结合仿真验证的文献：比如，利用博弈论构建供应商和承包商在两种不同决策模式下的协同合作模型，同时对每种模式都分析其最优收益分配机制，并进一步利用仿真模型验证了结果（时茜茜和朱建波，2017）；通过构建数学模型设计零售供应链的利益协同机制，并进一步引入收益分配模型来确保协同机制的有效性（代宏砚等，2018）；在定期订货模型基础上构建了信息不对称下的多级库存零供应链协同模型，对不同信息状态下的供应链协同模型进行对比分析，并分为信息对称和信息不对称两类情况进行验证仿真（Ahmed，Francesco et al，2019）。

（4）供应链协同策略。供应链中涉及不同业务的协同策略，主要包括库存协同策略（Chaharsooghi，2010；熊浩，2014）、计划协同策略（黄焜等，2011）、物流协同策略（谢磊等，2014）、知识协同策略（张省，2014）、契约协同策略（魏晨和马士华，2008；侯玉梅等，2013；Saha S. and Goyal S. K.，2015）等方面。

六、共生理论与供应链共生研究

关于共生理论的探讨最早出现于 1879 年的生态学领域，由德国真菌学家 Anton de Bary 提出。所谓共生就是指共生单元在一定的环境中依照某种特定的共生模式形成的一种关系（吴泓和顾朝林，2004），其中，共生单元可以理解为参与和构成共生关系的两个或两个以上的主体，它们之间存在着紧密的联系和相互作用，这种联系和相互作用形成了它们之间的共生关系。在当前的研究中，对共生关系类型的划分主要分为寄生、偏利、非对称性互惠共生和对称性互惠共生四种（王家宝等，2020）。在生态学最初的研究中，共生理论对自然科学的研究和现象解释发挥了重要的作用，随着学科交叉融合发展，近年来，共生理论逐渐在经济管理及供应链管理领域得到了应用和认可。

供应链共生概念及运用源于共生理论，供应链共生可以理解为处于一定经济、社会、生态、技术等环境下的供应链上各成员企业间相互建立起的一种共生关系。供应链共生的实现可以带来经济、社会和环境等多方面的效益，并且对可持续的发展能够提供有效的帮助（Huang et al, 2019）。共生理论在供应链研究中的运用相对较晚，当前针对供应链共生的系统性研究文献也相对较少，已有国内外对供应链共生的研究可分为共生模式和共生策略两个主要方面。

（1）供应链共生模式。供应链共生模式可以划分为寄生、竞争、独立和互利共生四种模式（张群祥等，2017），学者们针对不同供应链的不同共生模式展开了研究。有学者研究了长江经济带制造业和物流业协同共生模式演化过程的特征，提出从正向非对称互惠共生转向正相对称互惠共生的方法（王珍珍，2017）；有学者基于循环供应链和共生关系的视角，提出了一种基于经济事件序列的工业产品供应链共生模式（Lessard et al, 2021）。

（2）供应链共生策略。当前对共生策略的研究涵盖了多种供应链类型，有学者研究了农产品供应链中农户和企业的共生关系，并提出促进农产品供应链共生发展的供需匹配和共同演化策略（庞燕，2016）；也有学者提出了针对工业供应链实现共生和共生可持续性的供应链协作策略（Leighand Li, 2015）。

七、库存管理研究

库存管理有关研究属于较常见且较成熟的选题，但随着企业组织方式及供应链合作特点的不断变化，企业库存管理呈现出不同的特点，所以，库存有关研究一直持续存在且越来越倾向于具体决策情境中的管理。通过对库存作为关键词出现频次进行分析，可以发现库存控制和库存决策模型等的研究频次较高。

（1）库存控制理论。在对库存控制理论的研究中，多位学者关注了库存的供应链协同战略和协同优化问题（Kimand Park，2008；Krishnan，2010；Palutand Ulengin，2011；Mourtzis，2011）；有学者研究了在一个由多个供应商、一个制造企业、多个零售商组成的三阶段供应链系统中的订货协调问题（Aberand Goyal，2008）；也有学者研究了由多个供应商、一个仓库和一个客户组成的三级供应链的生产和及时交付问题（Pundoorand Chen，2009）；还有学者对多阶段、多供应商的库存问题进行了研究，分析对比了集中决策模式和分散决策模式的库存变化，提出集中控制库存模式有利于降低整个供应链的库存（Kit Nam，2010）；还有学者研究了集成位置运输和库存问题的协调库存控制的供应链网络设计（Darmawan et al，2021）。

（2）库存决策模型与算法。国内早期对库存决策模型与算法的研究以单级和两级库存为主。有学者提出了生产控制、订货和库存匹配的求解算法（夏海洋和黄培清，2008）和动态策略（杨超林等，2011）；有学者研究了不确定情况下两供应商和单制造商协同供应问题，分析了各种不确定供货情形下两供应商、单制造商协同供货决策，提出了相应的协同供货机制（李果和王兆华，2010）；也有学者提出当制造商采用VMI模式时，供应商之间的生产进度信息共享一般能减少供应商的缺货和存货持有成本，并且针对供应商生产提前期的不同，建立了供应商库存成本的优化模型（但斌等，2009）。也有学者在报童模型和贝叶斯分析模型的基础上对不对称信息下具有需求预测更新的供应链系统进行了探讨，通过设计补贴合同来消除双重边际化造成的低效率，进而实现供应链上下游企业间的协调运作（陈金亮等，2010）。还有学者假设零售商的需求带有时间窗约束，根据时间窗约束可以将需求划分成不同类别，且每一类需求必须在其时间窗约束期内得到满足，不允许缺货等待（汪小京等，2010）。

随着对单级和两级库存模型与算法研究的丰富与成熟，更多的学者逐渐将视野转向了相对复杂的多级库存研究。针对多级库存决策模型与算法的研究，有学者关注了基于不同目标下的多级库存的优化和控制模型（卫忠，2007；郑鑫等，2019；李鹏等，2019），对有效降低库存成本具有一定的价值和意义；也有学者利用反馈控制理论和补偿算法，设计出四级供应链系统库存的牛鞭效应补偿机制，用于研究多级库存问题中的需求变异放大问题（赵川等，2018）；还有学者通过对算法的多次迭代，发现利用带局部搜索的和基于边际分析法的两种改进差分进化算法，相比传统边际分析法，可以降低可修备件多级库存模型最优解的库存总费用（顾涛和李苏建，2020）。

八、研究述评

基于现有的文献分析发现，国内外学者对集成供应链、精益供应链、精益采购物流，以及项目驱动型企业的研究已经从理论探索过渡到应用阶段，理论研究均已十分成熟，国内外学者对基本概念的阐述达成了统一的认识，应用研究在不同行业也形成了不同的适用条件和策略。

在集成供应链研究方面，现有研究重点关注于模型构建和实证研究，研究成果十分丰富，但模型构建侧重于生产调度的优化设计，缺乏对采购方面的模型研究。采购作为供应链中的关键环节，对企业降本增效至关重要。

在精益供应链和精益采购物流的研究方面，学者们重点侧重于将精益思想应用在不同行业当中，研究集中在服装行业、医药行业及建筑行业等，但鲜少有人以项目型制造业作为研究对象。项目制造行业的非增值现象造成总成本居高不下，在采购活动中，如何运用最少的浪费创造最大的价值的策略研究尚不多见。

已有文献对项目驱动型企业的针对性研究较少，且多集中于项目管理、战略管理、知识管理和组织管理等层面上，缺少对项目驱动型制造企业供应链成员协同关系的研究，更缺乏对项目驱动型制造企业中具体库存决策的关注和系统性的研究。

现有库存管理的文献多数是基于单个企业库存决策视角或者以二级、三级供应链库存决策进行研究，较少的文献涉及多级供应链库存决策，也缺少从共生视角的多级供应链协同库存决策。目前共生理论在供应链管理中的研究主要涉及共生模式和策略，大多研究集中于工业、农产品供应链领域的绿色、循环经济和可持续性主题，在项目驱动型制造企业供应链中进行协同库存决策研究尚属较新的视角。

综上所述，从国内外的研究成果来看，集成供应链、精益供应链、精益采购物流，以及项目驱动型企业分别形成了完备的研究体系，但将四者结合起来系统地进行研究的文献相对较少。由于面向集成供应链的项目型企业采购物流体系构建的文献十分鲜见，同时也缺乏明确的理论指导，这为本研究留下了一定的空间。国内外学者在项目驱动型企业、供应链协同、供应链共生和库存管理等方面的研究中已经取得了一些值得借鉴的成果，但是综合研究对象、研究视角和研究内容来看，目前从集成供应链和供应链协同共生视角来研究项目驱动型企业采购及库存管理及应用的文献较为缺乏。当前企业正处于强调成本与服务水平兼顾的现代化供应链竞争环境中，考虑供应链上下游企业协同共生的集成供应链管理已成为项目驱动型企业关心的一个战略性话题，值得理论界和实务界共同关注，研究所取得的成果将为企业采购决策和持续发展提供一定的现实指导。

第三节 研究内容与思路

一、研究内容

本研究以集成供应链思想为基础指引，首先，在项目驱动型企业采购物流现状及典型特点分析基础上，主要提出从需求、计划、订货、仓储和运送五个环节对项目驱动型企业采购物流进行闭环优化，以形成面向集成供应链的项目驱动型企业采购物流 DPOST 循环圈。其次，针对项目驱动型企业内部业务中的计划、采购、仓储和配送流程进行分解，找到各个环节的瓶颈，并以瓶颈为突破口，综合考虑项目驱动型企业物料及零配件重要性、需求稳定性、价值和标准性等属性，确定精益采购物流的计划时间耦合点、物流节点耦合点、信息传递耦合点等；最终完成物资采购—仓储—配送一体化的面向集成供应链的精益采购物流体系结构模型设计；关注面向集成供应链的项目驱动型企业精益采购物流体系构建策略，提出项目驱动型企业需以集成供应链思想为基础，优化采购计划及流程、加强供应商关系管理、实施采购成本管理、做好采购信息一体化建设、搭建智慧采购生态体系等，最终实现供应链上下游资源的均衡优化及完整的精益采购物流体系。最后，重点结合H公司的采购管理现状及实际问题进行采购物流体系构建研究，力图实现H公司采购业务优化、采购成本的降低，并为企业构建高效有序的采购物流体系提供借鉴。

第一章 引言。从项目驱动型企业采购物流现象出发，提出本研究的背景以及意义。然后，梳理了国内外学者对集成供应链、精益供应链、精益采购物流，以及项目驱动型企业的相关研究。最后，阐述了研究内容与研究思路。

第二章 基础理论概述。描述了集成供应链、精益供应链、精益采购，以及智慧采购的定义与特点，并对项目驱动型企业采购的特点进行详细阐述。

第三章 项目驱动型企业采购物流现状及典型问题分析。从组织结构、采购流程及项目管理等方面分析了项目驱动型企业采购物流现状，并针对项目驱动型企业采购物流存在的采购流程烦琐、采购成本高及采购管理信息系统缺乏等典型问题进行详细介绍和分析。

第四章 项目驱动型企业精益采购物流体系DPOST循环圈的提出。在项目驱动型企业采购物流现状与典型问题分析的基础上，结合精益物流思想对采购物流中需求、计划、订货、仓储和运送五个环节进行闭环优化，并进一步构建了精益采购物流体系DPOST循环圈。

第五章 面向集成供应链的项目驱动型企业精益采购物流体系结构解析。首先，提出面向集成供应链的项目驱动型企业精益采购物流体系是由"需求统计、采购计划、物料订购、仓储管理、运输配送"等功能要素和不同项目组的"物料、人员、信息、资金、订单"等资源要素所构成。其次,以概念模型和体系层次结构的划分和关系为基础,并采用网络分析的方法,构建面向集成供应链的项目驱动型企业精益采购物流体系结构模型。

第六章 面向集成供应链的项目驱动型企业精益采购物流体系构建策略。以集成供应链作为指导思想,从优化采购计划及流程、加强供应商关系管理、实施采购成本管理、做好采购信息一体化建设、搭建智慧采购生态体系等方面着手,提出项目驱动型企业精益采购物流体系的优化策略。

第七章 面向集成供应链的H公司精益采购体系构建方案。首先,阐述了H公司的采购现状,并对存在的典型问题进行详细分析。其次,以精益物流为指导思想,提出H公司精益采购物流DPOST循环圈。再次,对面向集成供应链的H公司进行精益采购物流体系结构模型设计。最后,探究H公司精益采购物流体系构建策略,包括创新采购业务模式、优化采购业务流程、开发采购管控系统、构建供应商管理体系、重构采购业务岗位、采购体系实施保障等。

第八章 总结与展望。通过梳理全书内容,总结研究结论。针对撰写过程中的思考,对进一步需要探讨的内容提出研究展望。

二、研究思路

本研究遵循文献研究、理论基础、模型构建、策略提出、实例分析和研究总结的基本思路开展,研究思路如图1.1所示。

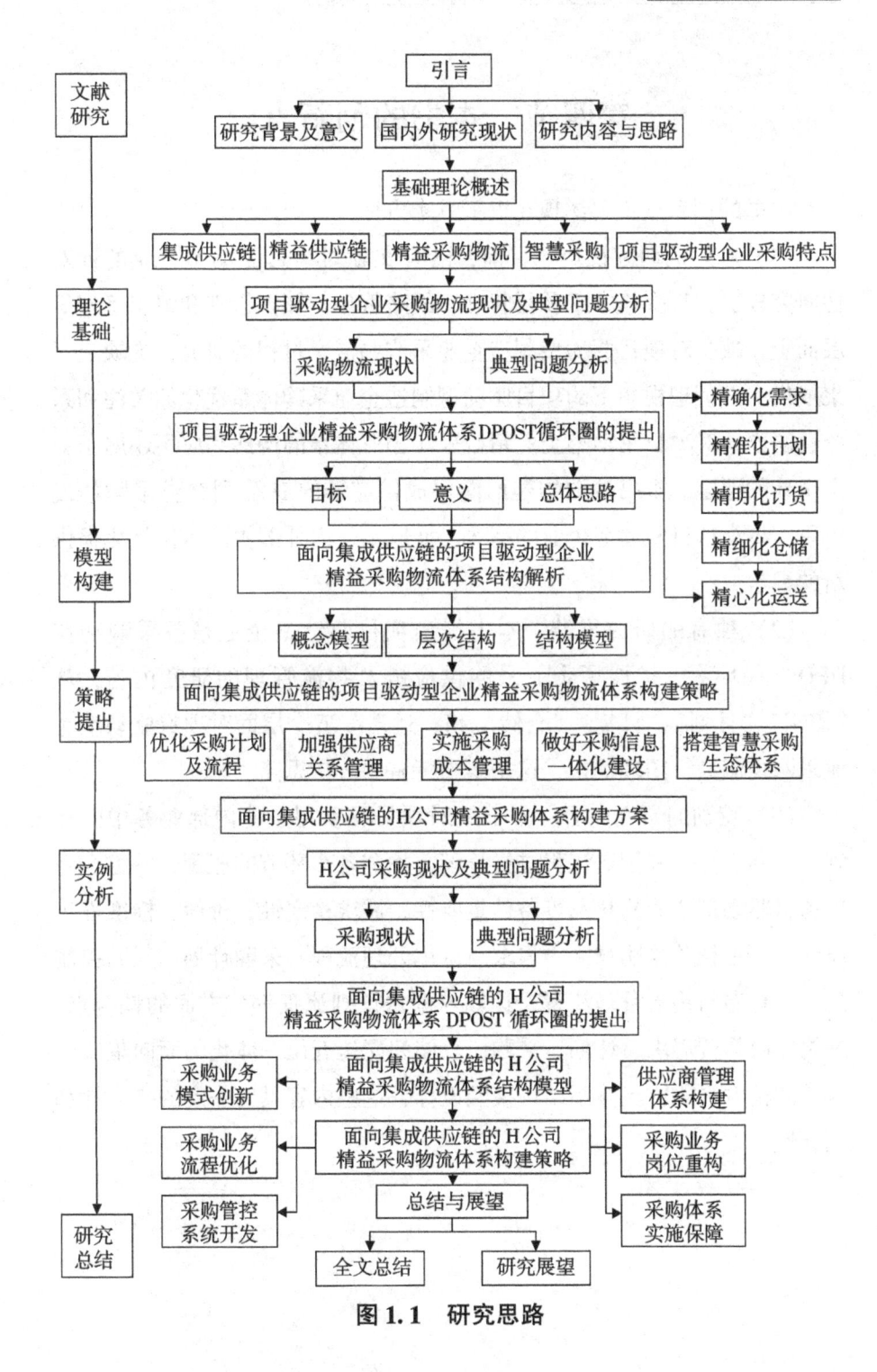

第一章 引言

```
                                    引言
                                     │
         ┌───────────────────────────┼───────────────────────────┐
      研究背景及意义              国内外研究现状              研究内容与思路
                                     │
文献研究                         基础理论概述
                                     │
         ┌───────────┬──────────────┼──────────────┬──────────────┐
      集成供应链   精益供应链    精益采购物流      智慧采购    项目驱动型企业采购特点

理论基础      项目驱动型企业采购物流现状及典型问题分析
                         │
                ┌────────┴────────┐
             采购物流现状      典型问题分析
                                                      ┌─ 精确化需求
             项目驱动型企业精益采购物流体系DPOST循环圈的提出   ├─ 精准化计划
                         │                            ├─ 精明化订货
                ┌────────┼────────┐                   ├─ 精细化仓储
              目标      意义     总体思路               └─ 精心化运送

模型构建      面向集成供应链的项目驱动型企业
              精益采购物流体系结构解析
                         │
                ┌────────┼────────┐
             概念模型   层次结构   结构模型

策略提出      面向集成供应链的项目驱动型企业精益采购物流体系构建策略
         ┌──────────┬──────────┬──────────┬──────────┐
      优化采购计划  加强供应商  实施采购   做好采购信息  搭建智慧采购
       及流程     关系管理   成本管理   一体化建设    生态体系

实例分析      面向集成供应链的H公司精益采购体系构建方案
                         │
              H公司采购现状及典型问题分析
                         │
                ┌────────┴────────┐
             采购现状        典型问题分析

              面向集成供应链的H公司
              精益采购物流体系DPOST循环圈的提出
                         │
     采购业务     面向集成供应链的H公司        供应商管理
     模式创新     精益采购物流体系结构模型      体系构建
     采购业务     面向集成供应链的H公司        采购业务
     流程优化     精益采购物流体系构建策略      岗位重构
     采购管控                                  采购体系
     系统开发     总结与展望                   实施保障
                         │
研究总结        ┌────────┴────────┐
             全文总结          研究展望
```

图 1.1　研究思路

— 17 —

第四节 本书的创新点

本书的创新点主要体现在以下三个方面。

(1) 较新的研究视角。目前，已有文献对项目驱动型企业的针对性研究较少，且多集中于项目管理、战略管理、知识管理和组织管理等层面上，缺少对项目驱动型制造企业采购物流全过程的研究，更缺乏对集成供应链管理视角下的项目驱动型制造企业采购体系优化的关注和系统性研究。对项目驱动型企业精益采购物流体系的构建和应用还属于一个全新的课题。本书试图构建面向集成供应链的 H 公司精益采购物流体系，将为项目驱动型企业的高效、低成本、内外部协同运作优化提供新的视角。

(2) 独有的研究思路。本书提出项目驱动型企业精益采购物流 DPOST 循环圈，扩展了企业采购供应链及物流管理的研究内容，从"需求""计划""订货""仓储"和"运送"五个层面对项目驱动型企业采购物流进行闭环优化，这是本书特有的分析思路。

(3) 特别的研究内容。本书针对项目驱动型企业内部业务中的计划、采购、仓储和配送流程进行分解，找到各个环节的瓶颈，并综合考虑项目驱动型企业物料及零备件重要性、需求稳定性、价值、标准性等属性，确定精益采购物流中需求与订单处理流程、采购计划与采购控制流程、仓储与物流管理流程、运输与配送计划流程等多方面的耦合点，最终完成物资需求、计划、采购、仓储和配送五位一体化的面向集成供应链的精益采购物流体系结构模型设计，这些内容具有一定的挑战性和创新性。

第二章 基础理论概述

第一节 集成供应链理论

Mentzer 等（2001）将集成供应链定义为在企业内部进行流程管理，企业之间开展战略合作的过程，这有利于提升企业自身及供应链的整体绩效。在集成供应链的发展过程中，首先是企业内部基于核心业务进行职能重构，从而摒弃流程繁琐的弊端；其次是在企业内部从采购、生产以及销售等环节入手，开展供应链的整体优化工作；最后是进行企业间的集成，供应链中的各个节点企业在目标协同与资源共享的基础上达成稳定的长期合作关系，通过市场集成、信息集成、资源集成及组织集成来进行供应链的整体优化设计（吴先金，2007），促使资金流、信息流、物流及产品流的高效运转（申嫦娥等，2017），从而消除企业间的冗余资源，降低交易成本，提升竞争优势。供应链上下游企业借助长期的战略合作伙伴关系，实现资源的优化配置，可以提高供应链应对风险的能力，为进一步满足客户多样化的需求，以及提供高质量的服务奠定基础（陈正林和王彧，2014；李柏洲等，2020）。

第二节 精益供应链理论

精益思想与供应链管理相结合形成了精益供应链。精益供应链是指在供应链背景下实现精益运作的集成供应链，其核心是消除浪费和创造价值（陈志祥等，1999）。通过采用 JIT 生产方式、看板管理和零库存等精益生产方式，缩短产品的交货期，提高产品的生产效率，确保创造价值的各个流程环节有序运转，尽可能减少停滞现象的出现，从而达到降低总成本的目标（Nimeh et al，2018）。精益供应链以最低成本吸引客户，并通过客户需求拉动生产，当市场需求发生变化时，精益供应链采用市场预测的方式增强产品的灵活性，提高供应链的响应能力，以此来满足客户需求（Qrunfleh and Tarafdar，2013）。与企业内部精益生产不同的是，精益供应链强调与供应链上下游的关系管理，包括供应商管理与客户关系管理。精益供应链中各个企业的目标与供应链整体的战略目标保持一致，并根据战略目标及时调整企业内部核心业务与流程环节，达到持续改善，从而助力于供应链整体运行效率的提高（Guilherme et al，2019）。各个节点企业通过信息沟通与技术引进，促使信息流、物流、资金流及产品流在企业之间协调一致、高效运转，从而全面提高供应链的精益水平，推动精益供应链的可持续发展（Parveen et al，2009；Núez-Merino et al，2020；Novais et al，2020）。

第三节 精益采购理论

Lamming 于1996年提出了"精益供应"的概念，并定义为"是总装厂商和零部件供应商关系的战略模式"。精益采购要求每一环节都尽可能消除浪费，同时每一个流程都符合精益采购的目标，即成本最低和价值最高。与传统采购不同，精益采购要求供应商与厂家之间建立公共的信息平台，同步彼此的生产计划，将产品的供应与生产进行高度匹配，确保供应过程中的原料流与信息流协调一致，从而缩短交货周期，提高生产灵活性（蔺宇等，2015）。供应商按照合同在规定时间内以高频率的方式运输高质量、小批量的产品到合适的地点，以便于推动物料的高效流转（Bond et al，2020）。同时，企业还需通过简化采购流程来加快采购进度，使得正确数量的物料在正确的时间内出现在正确的地点（赵昕，2013）。精益采购强调建立健全的采购体系，提高各个环节的衔接效率，确保采购过程标准化和规范化，以此来达到有效降低采购综合成本的目的（冯亮，2020）。精益采购的核心思想是供应商 JIT（Suleiman et al, 2021），并以到货效率、服务水平及技术水平为原则选择和评估供应商，公平、公正地考察每一个原料供应商。同时，供应商与厂商之间形成了稳定合作和互惠共赢的战略伙伴关系，其中，生产商对供应商实施动态管理并根据供应商特性进行能力开发，按时进行供应商的质量评估，不断提高供应商的管理水平（邓俊杰等，2015）。生产商通过专注一个或几个供应商有助于确保原料的高质量及供货渠道的稳定性（Yang et al, 2021）。

第四节　智慧采购理论

随着信息技术的升级变革，企业采购逐渐步入 4.0 时代——智慧采购时代。京东在 2017 年首次明确智慧采购的概念，认为智慧采购具有三大标准，分别是有温度、懂"你"和无界。有温度是指与企业的 OA 系统、HR 系统等对接前置，全面搜集客户的信息以此来完成智能决策，促使采购流程的每个环节具有温度，从而令客户愉悦（Baryannis et al, 2019）；懂"你"是利用技术精准知晓客户需求并快速满足，通过沉淀后的采购数据描绘客户人群画像，并借助 BI 算法实现智能寻源；无界指的是合作无界、场景无界。智慧采购的合作双方之间信息共享、相互赋能，共同构建和谐生态。场景无界离不开技术的推动，智慧采购将打通各个场景，并通过组件化功能、标准化数据及通用化的协议形成了不同的生态平台，从而实现客户多场景需求的目标（漆大山等，2020）。此外，京东提出的智慧采购模式，即在 6 大技术标准的基础上，依托 8 大应用平台为采购中的商品、财务、履约等 7 个核心环节创造价值。在智慧采购中，信息技术促使采购流程自动化，并对采购、谈判及监督等各个阶段进行优化升级（Mito et al, 2022）。企业根据匹配系统可以遴选出合适的供应商，并运用供应商关系管理系统促进战略合作关系的形成，提高彼此间的合作满意度（Lu and Hong, 2019；Allal-

Chérif et al，2021）。

第五节　项目驱动型企业采购特点

项目驱动型企业的采购是指项目团队向外界获取所需的产品、服务，以及其他成果所经历的整个过程，其中包括编制采购计划、确定采购方式、选择供应商及按照合同实施项目监督，最终目标是为客户创造价值。项目驱动型企业采购的特点是一次性与独特性（李洁等，2019）。一方面，独特性意味着每个项目所需原材料和服务等均不一致，由于项目没有同类型数据作为参考，导致采购计划编制困难。每种原材料对应着一个供应商，原材料类型越多，供应商的数量也越多，供应商的管理难度也越大。另一方面，项目一次性的特点意味着企业与供应商之间的项目采购合作也是一次性的，这造成供货渠道不稳定，采购价格不断变化。此外，对新的供应商进行选择与评估的周期较长使得采购效率低下。每个项目的采购、仓储及运输等环节均不相同，项目的采购需求无法合并导致采购物流分散、采购总成本高。从采购角度来看，项目驱动型企业各个流程的衔接并不紧密，而且申请、审批及合同签订等环节十分烦琐，缺乏采购信息管理系统进行统一管理。为适应市场变化的需求，项目驱动型企业一般多个项目并行，然而企业的资源是有限的，围绕多项目展开资源的优化配置成为企业重点关注的一大难题（伊雅丽，2018；周豪等，2020）。各个项目由于资源冲突，极易出现恶性竞争现象，严重损害企业利益。

第三章 项目驱动型企业采购物流现状及典型问题分析

在项目驱动型企业中,工作内容及开展方式均以项目形式为主,具有一次性、独特性的特点。因为每一个项目不同,所涉及的采购、仓储及配送都可能是以前没有做过的,所以项目驱动型企业的采购物流具有不可复制性特点,进而导致项目驱动型企业采购物流难以形成一定的规模和标准,普遍存在采购物流分散、作业流程没法固化、采购物流成本偏高等现象。本章主要针对项目驱动型企业的采购物流现状进行调研统计,梳理项目驱动型企业采购物流存在的典型问题并进行详细分析。

第一节 项目驱动型企业采购物流现状

一、组织结构现状

基于项目的临时性和一次性,项目驱动型企业倡导项目成员可以"一专多能",改变了以往对应聘人员专人专岗的用人模式,认为项目成员的核心能力是灵活适应变化的工作岗位、业务内容及工作顺序,成为高质量的复合型人才,便于项目驱动型企业完成人力资源的弹性配置。为确保组织结构的柔性,项目驱动型企业将管理层级扁平化,团队形式灵活性作为组织结构的重要特征。传统组织结构是由基于专业分工的职能部门构成,而项目驱动型企业的组织结构强调消除职能边界,提出以项目为单位的组织形式。目前的项目驱动型企业在组织结构方面有三种形式:①保留传统职能部门,设置一个项目岗位负责横向协调各个职能部门;②根据项目组建一个临时性的团队;③单独设置项目管理部门。在动荡变化的社会环境中，企业需要灵活的组织结构以快速满足客户多样化的需求，但柔性的组织结构意味着企业无法形成规模优势，通过标准化的产品来降低企业成本，这样看来企业的长期发展是不稳定的。因此，绝大多数的项目驱动型企业是以职能部门与项目管理部门相结合的形式作为企业的组织结构。

二、采购流程现状

项目驱动型企业的采购流程主要包括编制采购计划、计划审批、寻找供应商、议价、签订合同、合同审批、预付货款、资金审批、下达订单、货物验收、入库或退换货、支付尾款、资金审批等。采购计划是由项目实际使用部门结合市场情况及项目实际需求进行编制，其中涵盖所需原材料类型、数量、规格及价格等要求。拟定计划之后交由采购经理、项目经理、财务经理及公司高管进行层层审批直至审批结束。若项目部指定供应商，采购中心可直接联系该供应商进行议价。若没有指定供应商，采购中心将根据价格与产品质量挑选供应商；确定供应商之后，采购中心与供应商针对原材料类型、价格、数量、到货时间进行一一商讨，并签订供货合同。合同确认后，采购人员需要跟进合同的审批流程，并通知财务部按照支付方式预付货款，付款后告知供应商及时发货。随后，由仓库人员对货物质量进行验收并及时入库，期间如果遇到货物损坏情况，采购人员需第一时间联系供应商协商处理。待全部货物入库完毕，采购人员告知财务部进行尾款支付，最后由采购人员按照公司资金审批流程完成项目采购收尾工作。

三、项目管理现状

为应对变化的市场环境及多样化的客户需求，项目驱动型企业一般多个项目并行构成项目群。在项目群中，由企业高级管理者制定项目群的目标，以此确保与企业战略目标高度一致，并结合企业资源计划确定项目的优先级顺序，由各个项目独立实施。不同于单个项目管理，项目群中多个项目的项目需求、资源计划、项目目标及项目进度等均不相同，每个项目对人力资源、设备资源、物料资源及技术资源的需求均不一致。

然而，企业资源的有限性让如何使各项目中的资源实现动态平衡和优化配置成为管理者面临的重大决策问题。项目驱动型企业中多个项目之间存在资源相互制约、利益分配不均和信息共享程度低等问题，加大了项目管理的难度。在多项目管理过程中，各项目独立进行采购，单独进行谈判议价，极易导致原材料质量参差不齐、供货渠道不稳定及采购成本过高等问题。除此之外，项目群中的每个项目拥有各自的发展目标，不同项目群的目标也不相同，在实施过程中极易与公司的战略目标背道而驰，项目临时性和一次性的特点导致公司管理者对项目的监督无法及时到位，使得每个项目群或每个项目局限于自身利益而缺乏对企业长期发展的目标规划。

四、供应商管理现状

供应商管理是采购管理的重要组成部分，合格的供应商能够为企业提供高质量的原材料和服务，并快速满足供应需求。项目驱动型企业对供应商实施粗放式管理，体现在供应商的准入、选择和评估方面。在供应商的准入方面，采购中心根据企业资质、产品价格及服务质量遴选出一定数量的同产品准入供应商。在供应商的选择方面，当存在采购需求时，采购人员在同产品准入供应商中进行询价，价格较低者成为该项目产品的供应商。在供应商的评估方面，由于项目一次性的特点，采购中心日常并不进行与供应商的关系维护，仅仅在合作期间沟通交流，在年末时，由采购经理结合工作经验对供应商的供应情况进行打分，分值高者成为合格供应商，分值低的供应商则被淘汰。

五、采购信息化建设现状

项目驱动型企业面临的不确定性，要求采购信息系统中的各个软件需要具备柔性与协调性,让采购人员能够通过采购管理信息系统在合适的时机获取合适的采购信息。项目驱动型企业的采购信息建设还未完善,现有的采购信息化管理以模块的方式与 OA 系统相结合,财务管理、物资管理和客户关系管理都分别存在于独立的系统中,供应商合同、询价单和采购计划等采购信息则多以纸质文件进行存储。除此之外,各部门之间缺乏信息共享的问题普遍存在。一方面,仓储部与采购中心信息共享程度低,项目所需原料的验收由仓管人员核查,采购人员未必参与其中,而且采购信息系统的缺乏可能导致采购人员对库存信息的了解不全面,容易出现重复购买的现象;另一方面,采购中心与财务部信息交流不畅,采购人员在前期没有与财务部对采购付款计划进行协商导致财务部拖欠货款,降低了供应商对企业的信任度。

第二节　项目驱动型企业采购物流的典型问题分析

一、采购需求多变

项目驱动型企业面临的环境、客户需求及项目需求是高度不确定的。在复杂的社会环境中,需求变更在采购管理过程中十分普遍,当需求变更时应及时调整投入的各项资源,快速对多样化、个性化和定制化的客户需求做出应变准备。但在项目驱动型企业的采购合同中对处理需求变更的细节问题未做出明确规定,采购成员不容易及时介入需求变更实施环节来有效控制采购成本。项目客户提出的物资需求有时候未能标准化、清晰化,有些需求的概念界定比较模糊,不同的采购人员也极易出现理解失误。处于不同生命周期的项目均呈现出不同的特征,这体现了项目的易变性与复杂性。在项目完成之后,项目管理者只能根据项目实际情况总结一套程序化体系,但这套固定的体系是不可能完全适用于接下来的任何一个项目的。

二、采购计划编制困难

采购计划是采购策略在实施过程中的重要体现,然而采购计划的编制在项目驱动型企业的实际运作中却存在着重重阻碍。首先是计划的编制无可靠数据参考。采购预算一般根据以往项目数据粗略估算,但项目的独特性使得参考数据适用性不强,对需求预测和拟定采购计划造成困难,需要项目团队的主动创新性。其次是重视程度低。采购计划与项目计划息息相关,但采购计划却往往得不到管理者的高度重视,一般采取先松后紧的策略,极易导致项目延期完成。采购计划需要合理且有效,如果采购计划制订的各个节点时间过早,物资提前到达造成库存积压并产生高昂的仓储费用。如果采购计划制订较晚,导致原材料无法及时到位,一旦物料短缺,生产停滞,一系列的连锁反应将会给项目带来巨大风险。再次是采购计划缺乏灵活性。采购计划未能结合物资需求计划与库存科学制订,缺乏项目监督导致采购预算不合理,并且在采购需求变化时也没有及时对采购计划进行动态调整和更新修正。最后是采购计划的编制要求具有前瞻性。为了实现项目目标,有时候需要降低专业技术标准,这个决定需要征得管理层的同意,但为避免管理层干涉过多,采购人员需要提前将其纳入采购计划风险管理预案,避免将沟通层级上移,阻碍项目的正常运行。

三、采购流程烦琐

在项目驱动型企业采购管理过程中存在许多非增值环节。

(1) 采购申请与审批程序烦琐。当采购人员完成采购计划的编制之后,需要提交至采购经理、项目经理、财务经理、公司高管,一层层的审批,使得采购周期大大延长,耽误了项目进度。不同的物料类型采用同一套申请流程,企业未能根据采购金额、采购数量及紧急程度有所区分,降低了采购效率。在审批环节,采购人员只提供物料类型、采购价格及采购数量等,由于缺少产品价格的历史数据,企业高管以价格过高为由拒绝审批。于是采购人员调整价格之后还需要重新发起申请，再次进行新一轮的审批。反之，有些项目驱动型企业审批环节流于形式，各级高管未能定期对采购过程中各个环节进行监督和评价，导致采购人员高价购入原材料。

（2）采购执行中也存在权责不明晰的问题。项目驱动型企业的责任主体在项目团队，仓储部、财务部及采购中心不承担项目责任，因此出现相互推脱的问题，阻碍了项目的正常开展。同一个采购人员既负责采购又负责询价，职权划分不清容易造成廉政危机。在合同签订方面也是如此，采购人员缺乏决定权，需要层层上报、层层审核、层层签订，不能跨级进行，导致采购效率低，采购灵活性差。

四、采购方式单一

采购方式按照资源集中度分为集中采购、分散采购及混合采购，按照时间分为快速采购与标准采购。快速采购包括零星采购与紧急采购；标准采购包括询价、招标、谈判、竞价。项目驱动型企业常见的采购方式为分散采购、询价及单一寻源，这样的采购方式较单一，无法快速响应采购需求。

五、多项目管理混乱

对于项目驱动型企业而言，在多个项目构成的项目群中，新老项目的进入和退出是十分常见的，企业只能根据现有项目选择合适的供应商，意味着直至项目生命周期结束是无法更换供应商的。然而，项目开始和结束是随机的，而且项目群时刻在变化着，企业只能采取局部最优策略，这使得采购决策缺乏系统性与前瞻性。此外，多个项目同时选用一家供应商，极有可能超过供应商的最大产能，带来断供的风险。在多项目管理过程中，由于各自工作难度不同、项目收益不同、采购需求不同，在不同的项目之间容易出现管理矛盾，并存在关系不协调与信息沟通不畅的问题。职能部门基于专业化分工负责采购、仓储及财务等职责,但职能部门是专业化管理,项目管理部门是柔性化管理,管理模式、激励机制,以及人员要求在两个部门中均不相同。项目驱动型企业的两类部门不能协调配合,职能部门未能对项目需求做出快速反应以至于耽误项目进度。多个项目的资源配置与项目计划息息相关,企业需要将人力、资金及材料等共享资源按照项目计划动态配置。项目驱动型企业大多数未能做到资源的优化配置与项目的实施监督,导致资源无法充分利用,资源的冲突也使得各个项目无法如期完工。

六、供应商粗放式管理

由于项目具有一次性、独特性的特点,项目驱动型企业与供应商总是一次项目签订一次合作,没有形成长期稳定的战略伙伴关系。在供应商管理过程中,供应商的准入、选择及评估等环节均有待完善。在供应商的准入方面,企业依靠产品合格证进行辨别,但合格证的真假无从考察,对供应商过往情况了解也不全面,进而也无法追溯材料来源。在供应商的选择方面,仅仅以价格最低进行选择,未能将货物合格率、履约率、风险管控、服务质量等因素纳入考核指标并将其量化,导致无法保障合格的产品能够在正确的时间以正确的方式送达正确的地点。供应商的评估体系及奖惩制度还未健全,现有的评估是在年末根据项目经理或企业高管的经验主观打分,以至于无法对优质供应商进行有效甄别。一次性的合作意味着合作双方只是考虑本次合作,容易出现机会主义现象。由于没有与供应商建立信任关系,供需双方之间的竞争意识大于合作意识,各自仅关注自身利益最大化,彼此之间缺乏信息交流与沟通,甚至供应商提供虚假信息,造成信息不对称。采购需求有时候无法与其他项目需求合并形成规模优势,因此具备多个供应商,频繁更换供应商导致货源不稳定,价格起伏较大。当为一种零件选择一个合适的供应商之后,若在另一个项目遇到了同一种零件,很大概率仍会选择这家供应商,但这家供应商可能与这个项目的适配度并不高,这种采购策略缺乏科学性。

七、采购管理信息系统缺乏

在企业内部和与外界交流过程中,信息共享程度不高,信息传递时间长。由于项目的特殊性,大部分项目驱动型企业没有采购管理信息系统,采购人员无法及时且全面掌握市场物资采购信息,错过物资价格最低的时机。在采购过程中,采购计划、合格供方名单、询价文件、报价评审、编制合同等文件众多,由于环境影响,大量纸质材料的存储与保管十分困难。有些项目驱动型企业搭建了信息平台,但平台系统不兼容,各个功能模块独立运行,如价格审批、仓储、合同编制等,采购流程需要在多个平台进行,有时候还需要线下操作,无法实现信息共享。在项目驱动型企业的实际运作中,虽有采购平台,但有些业务依然离不开纸质办公的模式,不利于资料的整理与存储。由于缺乏监管机制,采购人员消极怠工,未能将与供应商之间存在的文本信息,如资质、供货、产品质量等数据及时录入信息系统,导致供应商部分信息缺失,无法为后续供应商的选择和评价提供数据来源。在采购数据存储方面,采购信息存储制度不健全,信息系统没有设立专门的存储模块,采购人员未按照要求进行操作,导致数据遗漏。项目之间信息共享差,每个节点的信息不公开透明,造成信息库不完善,采购信息中的产品参数、供应商、合同等信息未能及时整合并录入采购管理信息系统,无法为后续项目提供参考。

八、采购成本高昂

由于原材料采购要求不同,有些时候合并采购不可行只能分散采购,但单独订货采购成本高。对于通用零件采购而言,有的项目驱动型企业只考虑单项目利润最优,而忽略了整体目标。项目管理人员对采购成本不重视,容易出现材料浪费、重复购买及高价购入等现象。在制订采购预算时,采购人员重视采购最低价而忽略采购的综合成本,未能考虑到产品的质量、交货时间及运输服务将会对采购成本造成间接影响。

项目人员缺乏专业经验，导致在编制采购计划时制订的采购单价不合理，采购数量预估不准确，造成重复采购、临时采购及紧急采购现象时有发生。

　　采购中心中不同的采购组负责不同的项目，各个采购小组根据项目类型、物料类型进一步细分，各自分散式采购，无法形成集成优势。项目的采购团队伴随着项目的开始而组建，项目的结束而拆分，难以对采购团队实施集成化管理。一个采购人员由于不断更换采购物料类型，无法对市场信息形成敏锐判断。项目驱动型企业与供应商合作的一次性，导致供货渠道不稳定，令企业失去在价格方面的谈判优势。此外，非增值环节的存在也是促使采购成本高昂的原因之一。

第四章　项目驱动型企业精益采购物流体系 DPOST 循环圈的提出

本章以精益采购物流作为指导思想，在项目驱动型企业采购物流现状及典型问题分析基础上，主要提出从需求（Demand，简称 D）、计划（Plan，简称 P）、订货（Order，简称 O）、仓储（Storage，简称 S）和运送（Transportation，简称 T）五个环节对项目驱动型企业采购物流进行闭环优化，以形成面向集成供应链的项目驱动型企业采购物流 DPOST 循环圈，精益采购物流的本质是消除浪费，使得成本最小。具体包括精确化需求、精准化计划、精明化订货、精细化仓储和精心化运送等内容。

第一节　项目驱动型企业精益采购物流体系 DPOST 循环圈目标

"物流是第三利润源"已经受到了广泛的认可并运用于实践，而采购作为企业运营管理的重要环节，也是降本增效以获取利润的关键来源。在实际运营中，企业需要构建完善的采购物流体系，一方面要正常供应保证生产和销售以完成企业的基本目标；另一方面还要尽可能实现更低成本、更少浪费、更高效率和更高可靠性采购活动的开展，以提高企业的长期竞争力。因此，这就要求企业要关注采购的全流程，对各项采购物流活动实施精益管理，构建精益化的采购物流体系，从而为企业业务提供支持。

对项目驱动型企业而言，其开展的是围绕独立项目，以承担、实施和交付项目为核心业务，调度企业资源并进行管理，从而更好地服务于项目的开展和交付的运营活动,其采购物流活动本质上都是由具体项目驱动的。项目驱动型企业的采购物流体系包括有关项目的所有物料的需求计划、采购、存储、运输配送到供应至项目场地等多个部分,采购物流体系是为保障企业项目的正常运转持续不断地组织原材料、零部件、半成品、成品、辅助和燃料等的供应,对项目的驱动推进和高效运作发挥着至关重要的作用。同时,由于项目驱动型企业本身所具有的项目类型多和变动大、需求构成复杂和分布零散、仓储和调度管理难度大等特征,其采购物流既是运营管理的难点亦是重点,而要想实现精益化管理就必然要对其采购物流的全过程进行闭环优化。

因此,本研究探索性地提出基于项目驱动型企业的精益采购物流体系 DPOST 循环圈,该循环圈建立和运作的目标就在于,指导项目驱动型企业,搭建以物流运作为主线、围绕项目的"需求—计划—订货—仓储—运送"高效执行和动态反馈的闭环,对项目采购物流实施的全过程进行精益管理和优化,从而尽可能消除在 DPOST 的全流程中的浪费损耗和不确定性,实现企业采购物流体系运转效率最优化和成本最小化。

第二节　项目驱动型企业精益采购物流体系 DPOST 循环圈的意义

针对项目驱动型企业采购物流的不可复制、难统一、分散化等特征,通过构建精益采购物流体系 DPOST 循环圈可以打破"需求—计划—订货—仓储—运送"采购物流多环节之间的信息壁垒,降低采购物流的总成本,提高项目运转的效率和项目交付的质量,减小项目需求变动的风险和不确定性,进而逐一破解项目驱动型企业采购物流活动中的难点问题。

一、打破多环节衔接壁垒

与传统的由运营驱动不同，项目驱动型的企业是围绕独立项目驱动和运作的，项目的组织目标、组织结构、项目成员、员工职能、物料需求和供应商等都是随项目动态变化的。由于项目的临时性和差异性，从项目成立开始组建项目团队，根据不同项目和不同阶段明确物料需求，开展物料采购、存储、运输和配送，最终服务于项目的运行和交付，多个项目涉及的供应商、项目客户和合作伙伴是复杂多样的，采购物流各环节的物料、人员、信息、资金和订单是分散和流动的，极易导致企业内部各环节之间的孤岛问题，较难形成稳定和统一的沟通渠道、协同联动程序和标准。然而，通过构建精益采购物流体系 DPOST 循环圈，可以实现多项目之间的整合，需求、计划、订货、仓储和运送等多环节的集成和优化，尽可能对不同项目进行精益化的统筹管理，打通不同环节之间的信息壁垒，实时反馈和改进。

二、降低采购物流成本

构建精益采购物流体系 DPOST 循环圈可以通过形成批量采购的规模优势和减少非正常采购情况，从而达到降低采购物流成本的目的。一方面，相比分别对单个项目的物料进行计划和采购，通过多项目之间物料需求的整合管理，不仅可以减少分散选择供应商所带来的搜寻、管理和关系维护成本，而且还能在采购时提高企业的议价能力，形成批量化采购的规模优势。另一方面，通过多环节之间的集成，可以实现需求、计划、订货、仓储和运送等多环节中涉及信息、人员、资金等资源的重新整合和配置，提高对需求获取和预测的精确性，减少由于临时性、突发性、波动性等采购需求所带来的不必要的成本和损失。

三、提高项目运转效率

对于项目驱动型企业来说，其在同一时期内可能会存在多个项目的并列运行,并且在不同时期承担的项目通常也具有差异性,各项目面向的客户不同,企业需要对多份业务和合同负责,因此保证各时期多个项目需求物料的即时采购供应和合理配置调度是推进企业正常运作的关键。为了实现物料的这种有效供应调度,精益采购物流体系DPOST循环圈可以对多项目和多环节进行整合和协同,减少由于物料采购数量不足或种类不匹配而导致项目物料短缺的问题,以及物料在项目间调度不均衡而导致多个项目之间物料竞争的冲突事件,提高项目的运转效率和整体质量,尽可能避免项目进展停滞和交付延期。

四、减小风险和不确定性

项目驱动型企业的业务开展是以项目为主,且多为一次性和不可复制的项目。由于在事先无法进行完全确定的预测和计划,企业在面对不同的项目时,往往是临时进行项目组建和规划的,对物料分类管理的精细化程度不够,掌握的物料需求、采购供应和调度信息的充分性欠缺,员工对业务操作不熟悉,且缺少前期采购、仓储和运送之间配合的经验。然而,通过构建精益采购物流体系DPOST循环圈:一方面,精益采购物流体系DPOST循环圈对多物料进行精细化分类管理、对多项目的物料供应和调度进行集成化管理、对多供应商的搜寻和关系维持进行统筹化管理,有利于降低由于物料计划不准确、物料供应和调度不及时、供应商临时和多频次更换等所带来的不确定性;另一方面,精益采购物流体系DPOST循环圈打通了需求、计划、订货、仓储和运送等多个环节,在各环节和各部门进行协同配合,可以提高员工对业务和职能掌握的熟练度、各部门之间相互了解的充分性,增进采购、仓储和运送活动衔接的顺畅度,降低由于信息闭塞和协同低效等所导致的项目中断风险。

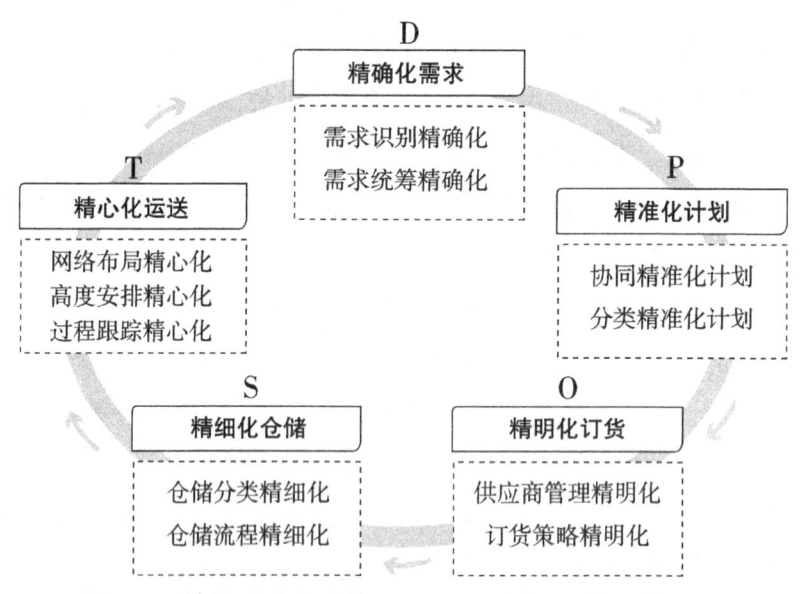

第三节　项目驱动型企业精益采购物流体系 DPOST 循环圈的总体思路

项目驱动型企业的 DPOST 循环圈中包含的要素多、涉及环节复杂、各环节之间的联系密切，构建精益采购物流体系 DPOST 循环圈并对各环节进行优化，需要对 DPOST 循环圈进行逐层递进和逐步细化的深入分析。基于此，研究提出从精确化需求、精准化计划、精明化订货、精细化仓储和精心化运送等多方面和全流程入手，从而明确搭建起精益采购物流体系 DPOST 循环圈的总体思路（见图 4.1）。

D　精确化需求
- 需求识别精确化
- 需求统筹精确化

P　精准化计划
- 协同精准化计划
- 分类精准化计划

O　精明化订货
- 供应商管理精明化
- 订货策略精明化

S　精细化仓储
- 仓储分类精细化
- 仓储流程精细化

T　精心化运送
- 网络布局精心化
- 高度安排精心化
- 过程跟踪精心化

图 4.1　精益采购物流体系 DPOST 循环圈的总体思路

一、精确化需求（D）

需求的确认是企业采购物流活动的起点，在以客户项目为驱动的企业运营中，项目需求指导着企业采购物流活动的开展。因此，精益采购物流体系应对需求进行精细化管理，包括需求识别的精确化和需求统筹的精确化。

(一) 需求识别的精确化

首先,需求识别的精确化要对各项目的物料需求进行分类,并明确不同类型项目和物料的需求特征。以物料为划分标准时,可将需求分为通用性和特殊性的物料、供应来源稳定和不稳定的物料、供应提前期短和提前期长的物料;以项目作为划分标准时,可将需求分为优先级项目和次要级项目、小规模和大规模项目、短周期和长周期项目。其次,需求识别的精确化还需要将需求数据的收集覆盖全部项目和环节,并落实到具体的信息系统、项目小组和负责人,保证需求数据收集的全面性和准确性,精确地识别项目涉及的所有需求,为精益物料计划和订货奠定基础。

(二) 需求统筹的精确化

在明确了需求的类别后,需要精确统筹物料需求。由于项目驱动型企业的运营项目的周期长短不同,不同时期的项目数量和类型也不同,因此,企业除了要对单一的项目需求进行统筹之外,还需要对同周期多个项目、不同周期多个项目之间的需求进行精确化的统筹安排。一方面,对处于同一周期多个项目的需求,可以进行统一的收集、整合、分析和预测。另一方面,对不同周期多个项目之间需求需要分类进行精确化的统计:一类是确定性或通用性的物料,对于这类物料的需求可以统一进行统计和预测,并采用推拉结合式的需求统筹和预测规划,即在前期依据需求数据进行预测分析并制订统一的需求计划,后期则由项目驱动,在已有物料需求框架的基础上根据项目的实际情况进行需求的安排;另一类是不确定或专属性的物料,该类物料则采用专门化管理的需求统计方式,并采用拉动式的需求统筹和预测,即完全由项目主导和驱动,当项目的物料需求确定后,再安排实施物料的采购供应和调度。

二、精准化计划 (P)

采购计划是实施采购的依据,项目驱动型企业精准化计划的制订不仅要按需求的可预见程度分类精准制订采购计划,还应协同项目组和供应商开展精准化计划。

(一) 分类精准化计划

除了按照既定可预见的客户需求和项目规划形成的物料需求外，还会有因项目或市场等不可预见因素变化所引发的临时性需求，因此，企业在计划的编制中应划分为正常采购计划和临时性采购计划。对于正常的采购计划，可以根据已有物料需求数据，并结合采购提前期、采购成本、库存成本、安全库存等，分析和确定采购物料的类别、批量和时间等关键信息，不仅要避免超量计划造成而资源浪费，而且也要避免因计划不足而造成物料短缺。同时，对于可能因发生项目和市场变化、技术和工艺调整等而产生临时性的采购计划，企业需要与供应商进行协调，更改或增加临时性采购计划，尽可能减少计划变更所带来的损失。

(二) 协同精准化计划

从供应链整体的视角出发，需求计划的制订不仅决定了项目驱动型企业的订货、仓储和运输活动，而且还涉及项目组的仓储调度和工作进度安排，以及供应商的原料采购、生产安排和配送。因此，为保证供应链运作的整体效率，尽可能消除浪费、缩减成本和降低风险，项目驱动型企业应与项目组和供应商协同开展精准化的需求计划。

项目组与业务客户接触，其掌握着最直接和真实的需求信息是需求计划的源头，企业应与项目组协同进行需求计划。一方面，项目组不仅要与客户实时和充分沟通，及时获取物料需求，项目组内部还要收集和汇总项目各阶段的进度安排和需求信息。另一方面，项目驱动型企业要打通与多个项目组的连接渠道，通过建立需求信息的共享平台，并设立企业对接项目需求的负责人，整合多个项目组的需求信息，与各项目组协同开展需求计划。

供应商是项目物料的来源，其决定着物料供应的及时性，企业应与供应商协同进行需求计划。项目驱动型企业要准确向供应商反馈整合后的项目物料需求，同时还需建立和协调与供应商之间的合作关系，与供应商协同制订供应计划，将企业的需求计划与供应商内部的研发、生产和配送等工作相衔接，解决企业之间沟通壁垒和业务流程之间断层的问题，降低由于需求变异放大而带来不必要的库存冗余导致的浪费损失或规避因缺货导致的项目停滞风险。

三、精明化订货（O）

在订货环节中，项目驱动型企业需要选择和协调供应商、确定订货策略，供应商和订货策略关系着供货的质量、效率和成本，因此，企业不仅需要对供应商进行精明化管理，也需要对订货策略进行精明化管理。

（一）供应商管理精明化

供应商是物料供应的源头，因而精益采购物流体系的建立需要企业对供应商进行精明化的管理，从而保证订购物料的质量和供应的及时性。具体而言，对供应商的管理不仅要建立完善的供应商评估体系和激励机制，还要维系与供应商之间良好的伙伴关系，并帮助供应商优化升级。一要建立涵盖研发设计、生产、配送、合同执行、财务和商誉等完善的供应商评估体系，强化对供应商的筛选、后续跟踪和动态管理，以保证物料的工艺质量和供应能力。二要制订有效的供应商激励机制，将供应商的激励措施与评价指标挂钩，提高供应商的自主提升和协同的意愿。三要积极发展与供应商之间长期良好的伙伴关系，但又要依据供应商的类型建立不同的合作关系，包括伙伴型、优先型、重点型和商业型供应商，将关注的重点投入在对企业物料供应更重要的伙伴型和重点型供应商的关系推进上，以合理的成本保证关键合作和物料供应的稳定性和持久性。四要帮助供应商对工艺水平和生产流程优化升级，提高供应商物料生产的质量和效率，减少不合格物料的损耗以及检验和维修导致的浪费。

（二）订货策略精明化

常见的采购订货策略有集中式订货策略、混合式订货策略和多样化订货策略。

（1）集中式订货策略。项目驱动型企业的集中式订货，即将不同项目和项目内不同部门的物料需求进行整合后再开展订货。集中式订货不仅可以形成规模化订货，而且还可以降低分散采购物料的管理难度，特别是对项目驱动型企业多项目并行、多物料并存时的订货而言，对物料需求进行整合订货相比单独按项目分散订货，更能形成批量化优势以降低采购成本，并且可以极大地改善新成立项目组订货经验不足、多项目采购管理效率低、多供应商管理复杂的问题。

（2）混合式订货策略。根据物料的需求属性将多种的订货策略进行组合使用，针对性制订采购管理的周期、库存检查频率和单次采购批量等订货方案，发挥不同订货策略的优势。其一，根据物料的通用性和需求确定性程度，对通用性/需求确定性高的物料实行常态化采购，对专属性/需求不确定性高的物料实行即时化采购；其二，根据缺货成本高低，对缺货成本低的物料定期检查库存，对缺货成本高的物料连续检查库存；其三，根据需求量大小，对需求量大的物料采取定量订货策略，对需求量小的物料采取只保持一定库存量的策略，对需求无法满足最低订货量的物料，可以建立采购联盟开展联合采购。依据对物料需求特性的分解，可以对其相应的订货策略进行组合，形成混合式订货策略（见图4.2）。

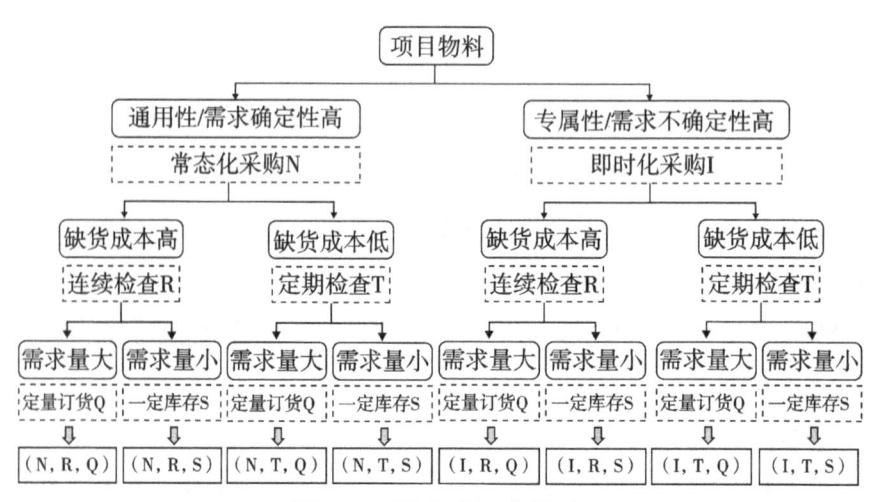

图 4.2　混合式订货策略

(3) 多样化订货策略。根据物料的供应属性，可以与供应商之间协调采取多样化的供货方式。按照物料的供应风险（短期供应和长期供应的保障能力、供应商的数量、供应市场竞争的激烈程度）和对项目运作的重要程度（项目交付的质量、效率和成本），可将物料划分为战略型、瓶颈型、杠杆型和常规型（见图4.3）。对战略型物料要与少数关键的供应商建立长期的合作关系，开展采购活动；对瓶颈型物料要确定好备选供应商或是搜寻可替代物料；对杠杆型物料要对多供应商进行对比分析，尽可能降低订货成本；对常规型物料可实施标准化和简便化的订货流程，无须重点关注，减少该类物料的综合成本消耗。同时，还需对四类物料与供应商之间开展不同程度的供应商管理库存的订货模式。

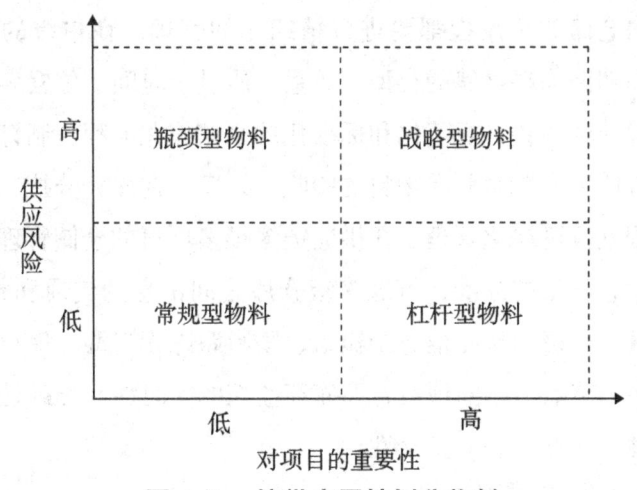

图 4.3　按供应属性划分物料

四、精细化仓储（S）

项目驱动型企业的物料种类复杂、仓储节点层级和数量多，对供应链单级和多级仓储分类、仓储流程和仓储手段都应尽量精细化。

（一）仓储分类精细化

对项目驱动型企业仓储中涉及的多种物料，应该综合不同物料的特征进行精细化的分类管理。根据占种类数量的比重和占用资金的比例对物料进行分类：①对占种类比重低、占资金比例大的物料，要时刻关注物料的消耗状况，在保证安全库存的前提下，尽可能减少该类物料的库存量；②对占种类比重和占资金比例都处于中等水平的物料，进行定期盘点即可；③对占种类比重高、占资金比例小的物料，库存管理可以相对粗略，库存数量控制以实现较少次数的批量订货为标准。通过分类管理物料，对不同物料的库存量进行协调，从而以尽可能低的成本让库存总量和重点物料的库存量都能控制在合理的范围内。同时，还要根据物料存储条件、易损程度，对易发生质量损耗的物料进行重点监控和多频次检查，保证物料存储的安全性，减少由于物料不必要的存储损耗所带来的成本。

（二）仓储流程精细化

对物料仓储的全流程都要进行精细化的管理。在单级的仓储管理中，要全面掌握物料存储的类型、数量、质量、时间、位置和成本等关键信息，设计合理化、规范化和标准化的仓储作业流程，制订明确的仓储作业监管体系，并对所有物料的验收、入库、在库、分拣、加工、出库等全过程进行可视化管理。在供应链多级多项目的仓储管理中，要统一多仓库信息收集的标准，打通多级仓库之间信息的流通和整合渠道，实现供应链上多级仓储的信息全覆盖、物料跟踪无遗漏、库存统计无偏差，保证多个节点、不同项目仓库库存监控的实时性和准确性、库存数量的合理性、库存状态的安全性。

（三）仓储手段精细化

以不断发展的技术条件为基础，让仓储作业管理和信息管理的手段更加精细化。一方面，利用先进且成熟的设施设备来进行装卸搬运、上下架、温湿度控制、分拣、加工等，使仓储的作业管理手段更加精细化，提高仓储作业的效率；另一方面，利用条码、人脸识别、射频识别、仓储管理系统、云计算等智能技术对仓库进行数字化改造，使仓储的信息管理手段更加精细化，提高仓储信息收集和分析的能力，实现物流、信息流和技术流等的实时交互和动态统一。

五、精心化运送（T）

精心化运送即精心化的运输和配送，包括了从供应商到各仓库节点的物料运输，以及各仓库节点到项目场地的物料配送，需要开展精心化的运送网络布局、调度安排和过程跟踪。

（一）运送网络布局精心化

运输配送在采购物流各环节中占用时间和成本都相对较高，运送网络的布局决定了运输配送的成本和物料供应调度的效率，而项目驱动型企业项目的一次性、差异性和临时性特征又为网络布局带来了一定的困难。如要降低运送总成本和提高运送效率，又要满足不同项目差异和变化的动态需求，就需要对运送网络的节点和路线进行精心化布局。从整体来看，项目驱动型企业供应链的运送网络由供应商仓库、企业总部仓库、分拨和配送中心、各项目组仓库等多级运送节点，以及连接各节点的运输和配送线路所构成。供应商、企业总部和分拨中心仓库，以及对应的运输线路可设置为长期性的物流网络，此类网络节点和线路的布局主要通过对以往项目信息的分析进行提前规划。项目组仓库和终端项目配送线路则设置为临时性的物流网络，以项目为驱动，根据当期不同项目的实际需求进行实时整合规划和定期调整。

（二）运送调度安排精心化

由于不同物料对运输配送的设备和环境要求不同，运输配送的时点要求不同，因此需要按物料特征分类和整合制订针对性调度和运送方案。按物料运送环境需求的特殊程度可分为常规性和特殊性物料：常规性物料即物料无特殊的运输设备、温湿度、安全性等特性要求；特殊性物料即需要专门的运输设备和运输环境，无法和其他物料进行混合运输。按物料运送时点的确定程度可分为确定性和波动性物料：确定性物料即需求是完全确定的、归属正常采购供应范围内的物料；波动性物料即需求的不确定性高、多属于临时性采购供应的物料。

根据物料的特征不同，分类设计相应的调度和运送模式（见图4.4）。①对常规确定性物料，采用统一化调度——大批量和少批次运送的模式；②对特殊确定性物料，采用专门化调度——大批量和少批次运送的模式；③对常规波动性物料，采用统一化调度——小批量和多批次运送的模式；④对特殊波动性物料，采用专门化调度——小批量和多批次运送的模式。

	特殊性	常规性
确定性	专门化调度 大批量、少批次运送	统一化调度 大批量、少批次运送
波动性	专门化调度 小批量、多批次运送	统一化调度 小批量、多批次运送

图 4.4 基于不同类型物料的调度和运送模式

（三）运送过程跟踪精心化

对物料运送全过程的跟踪进行精心化管理。一方面，要利用 GPS、GIS 和运输配送管理系统对物料运输配送的工具、位置、时间、成本和环境状况等信息数据进行收集和监控，提高从物料供应到项目调度全程的可视化水平，并向供应商、企业和项目组实施共享运送信息，进行共同监管和调整优化，保证物料运送的安全性、完整性和及时性。另一方面，基于大数据、云计算、人工智能等技术，对运输配送的信息进行整理和分析，掌握不同类型项目运送需求的特征，辅助线路规划、节点布局、联运方式、物料组合和批量选择等运送决策，保证物料运送的经济性、合理性和高效性。

第五章　面向集成供应链的项目驱动型企业精益采购物流体系结构解析

本章针对项目驱动型企业内部业务中的计划、采购、仓储和配送流程进行分解，找到各个环节的瓶颈，并以瓶颈为突破口，综合考虑项目驱动型企业物料及零备件重要性、需求稳定性、价值、标准性等属性，确定精益采购物流的计划时间耦合点、物流节点耦合点和信息传递耦合点等。在多耦合点确定基础上，进一步针对项目驱动型企业内部供应链进行纵向集成，这一部分集成的内容较多，包括了对项目驱动型企业需求与订单处理流程、采购计划与采购控制流程、仓储与物流管理流程、运输与配送计划流程等方面的耦合集成，最终借助多目标规划完成物资"需求—计划—订货—仓储—运送"一体化的面向集成供应链的精益采购物流体系结构模型设计。

第一节　面向集成供应链的项目驱动型企业精益采购物流体系构成要素

基于对项目驱动型企业的分析，其精益采购物流体系是以实现采购物流成本最小化、项目效率和质量最优化为目标，由"需求统计、采购计划、物料订购、仓储管理、运输配送"等功能要素和不同项目组的"物料、人员、信息、资金、订单"等资源要素所构成，各功能和资源要素之间相互协调配合，共同开展"精确化、精准化、精明化、精细化、精心化"的精益运作（见图5.1）。

//// 项目驱动型企业精益采购物流体系构建理论与实践

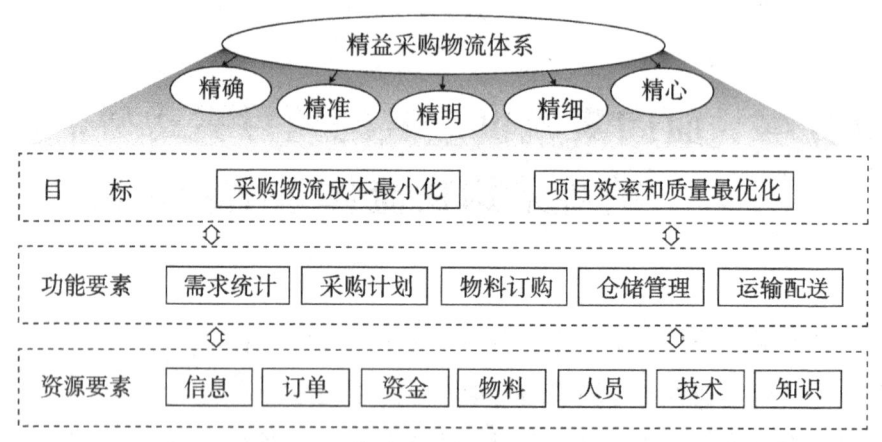

图 5.1 项目驱动型企业精益采购物流体系框架

第二节 面向集成供应链的项目驱动型企业精益采购物流体系结构模型

面向集成供应链的项目驱动型企业精益采购物流体系能够通过对多项目和多节点主体资源进行整合，对多功能环节进行集成和精益管理，从而将项目的物料需求产生到需求满足高效连接，实现采购物流成本、项目交付质量和效率的优化提升。精益采购物流体系结构模型的研究对构建面向集成供应链的项目驱动型企业精益采购物流体系具有重要意义。

一、面向集成供应链的项目驱动型企业精益采购物流体系概念模型

为掌握精益采购物流体系要素和环节之间的内在联系和运作逻辑，需要利用概念模型对体系进行明确或构建。因此，基于前述对精益采购物流体系构成要素和框架的分析，再结合精益采购物流体系运作的具体流程和交互关系，研究将项目驱动型企业面向集成供应链的精益采购物流体系细分成为利益相关者、运作流程和关键因素三个部分，并构建起体系的概念模型（见图5.2）。

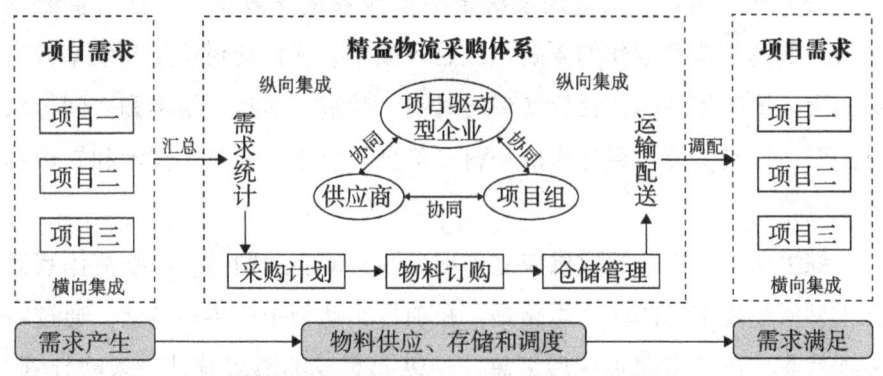

图 5.2　面向集成供应链的项目驱动型企业精益采购物流体系概念模型

（1）利益相关者：该体系的供应链上主要涉及供应商、项目驱动型企业和项目组三个利益相关者。在体系的构建中，要以三者为整体建立目标，同时又要考虑各主体在不同环节中的相互协同，对供应链利益相关者进行纵向集成。

（2）运作流程：以 DPOST 循环圈为基础，面向集成供应链的项目驱动型企业精益采购物流体系的运作，包括需求统计、采购计划、物料订购、仓储管理和运输配送五项流程，强调对各流程的精益管理和流程之间衔接的顺畅性（见图 5.3）。

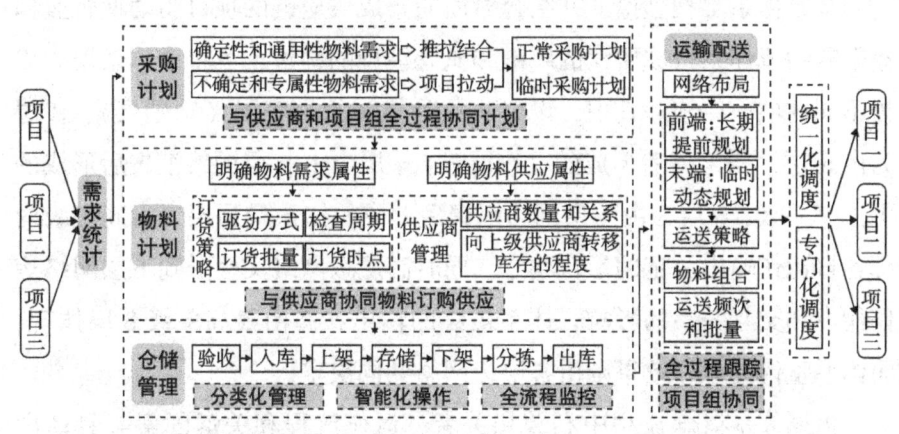

图 5.3　面向集成供应链的项目驱动型企业精益采购物流体系运作流程

（3）关键因素：关键因素决定了该体系运作效率，包括直接驱动精益采购物流体系运作的采购物流总体成本、项目交付质量和效率等目标因素，影响体系运作目标实现的时间、数量、质量、结构和空间等状态因素，以及支撑体系运作的物料、信息、资金、人员、技术和知识等资源因素。

综上所述，面向集成供应链的项目驱动型企业精益采购物流体系概念模型所呈现出来的核心思路是：在项目驱动型企业供应链上，通过对多项目需求进行横向集成后汇总，经纵向集成的需求统计、采购计划、物料订购、仓储管理、运输配送等多个流程，由供应商、项目驱动型企业和项目组之间纵向集成并在全流程中实时开展协同，最终针对项目进行物料调配。该精益采购物流体系将以"物料供应、存储和调度"为核心功能目标，对项目需求的产生和需求的满足进行有效链接，体系的运作完全服务于"项目驱动型企业供应链采购物流成本降低"和"终端项目交付效率和质量提高"的最终整体目标的实现。

二、面向集成供应链的项目驱动型企业精益采购物流体系层次结构

基于体系工程理论，并结合对面向集成供应链的项目驱动型企业精益采购物流体系构成要素的解剖和概念模型的构建，可将该体系划分成为不同的层次结构。其中，设定 α 层为体系的最底层（基础层），β 层为由 α 层网络汇聚后形成的上一层级，γ 层为由 β 层网络汇聚后形成的更上一层级，δ 层为由 γ 层网络汇聚后形成的体系最顶层。不同层级内部各自运作输出一定的运行状态，同时高层级网络又会受到下层网络运作能力和交互关系的影响，体系最终的输出状态由最高层级 δ 层体现，而体系整体的运作效果则由各层级网络共同决定。

根据体系概念模型中利益相关者、运作流程和关键因素等具体内容，对面向集成供应链的项目驱动型企业精益采购物流体系中各层次的构成和关系进行分析（见图5.4）。

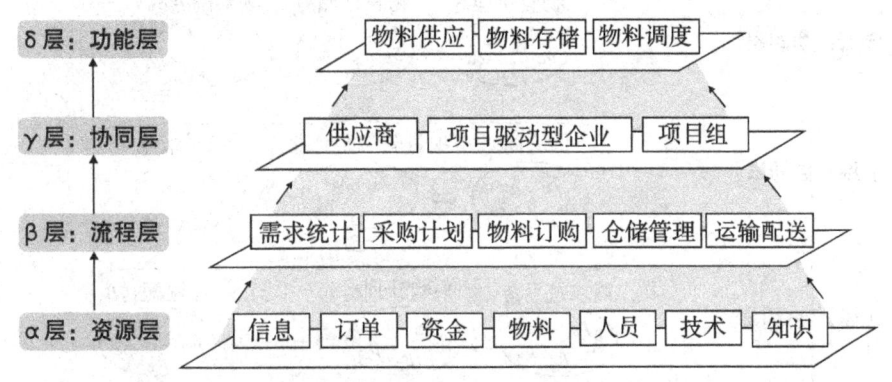

图 5.4　面向集成供应链的项目驱动型企业精益采购物流体系层次构成

（1）α 层为资源层，由信息、订单、资金、物料、人员、技术和知识等资源要素所构成。

（2）β 层为流程层，由需求统计、采购计划、物料订购、仓储管理和运输配送五项流程构成，各流程的运作能力取决于层资源整合和配置的效果。

（3）γ 层为协同层，为供应商、项目驱动型企业和项目组供应链各节点在多流程运作中形成的协同关系。

（4）δ 层为功能层，是精益采购物流体系最终对物料进行供应、存储和调度的功能性表现。

以概念模型和体系层次结构的划分和关系为基础，并采用网络分析的方法，进一步构建面向集成供应链的项目驱动型企业精益采购物流体系结构模型，从 α 层至 δ 层对网络内的节点要素进行设计（见图 5.5）。

在不同层级的各节点（$α_i$、$β_i$、$γ_i$ 和 $δ_i$，i 为各层级节点序列）中均存在时间、数量、质量、结构和空间等状态因素（$α_{ij}$、$β_{ij}$、$γ_{ij}$ 和 $δ_{ij}$，j 为各节点状态因素序列），决定了各节点和各层级网络运作的能力表现。以 $α_{1j}$ 为例，$α_{11}$、$α_{12}$、$α_{13}$、$α_{14}$ 和 $α_{15}$ 分别代表信息资源被整合利用的时间、数量、质量、结构和空间，信息资源的这些状态特征将决定信息配置的效率，并将影响资源层的运作能力，进而对体系产生影响。

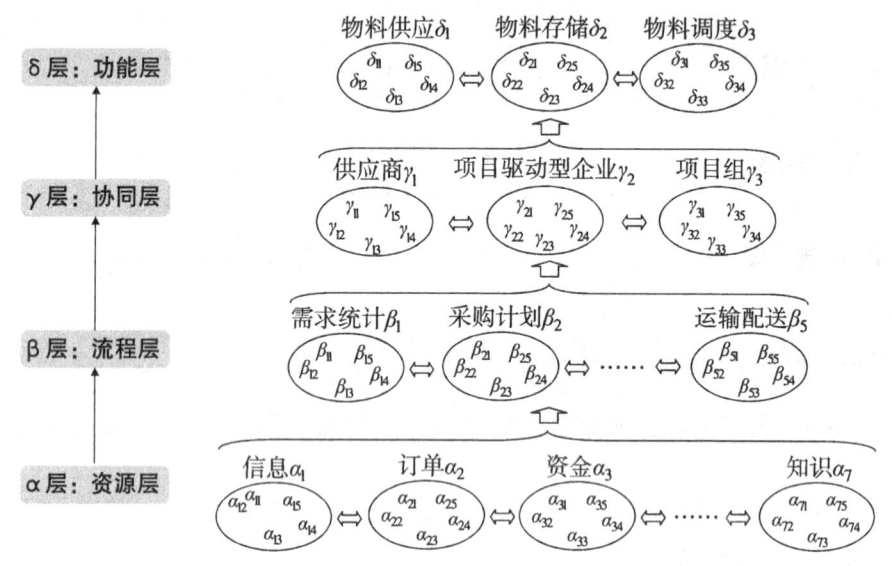

图 5.5　面向集成供应链的项目驱动型企业精益采购物流体系结构模型

为实现采购体系的改进完善，需要根据目标对面向集成供应链的项目驱动型企业精益采购物流体系的结构模型进行测度和优化。在该体系内部以采购物流成本（C）最小化、项目交付质量和效率（P）最优化为目标，体系目标的表达式为

$$minC = C_\alpha + C_\beta + C_\gamma + C_\delta \quad (5.1)$$

$$maxP = P_\alpha + P_\beta + P_\gamma + P_\delta \quad (5.2)$$

$C = C_\alpha + C_\beta + C_\gamma + C_\delta$ 表示体系整体的采购物流成本由资源层 α、流程层 β、协同层 γ 和功能层 δ 的成本所决定，采购物流成本最小化即 $minC$。各层级内部的成本由各层级节点的成本决定，即 $C_\alpha = C_{\alpha 1} + C_{\alpha 2} + \cdots + C_{\alpha 7}$，$C_\beta$、$C_\gamma$ 和 C_δ 类同。

$P = P_\alpha + P_\beta + P_\gamma + P_\delta$ 表示体系最终交付项目的质量和效率由资源层 α、流程层 β、协同层 γ 和功能层 δ 的运作能力所决定，项目交付质量和效率最优化即 $maxP$。考虑到各层级网络除内部的独立运行外，还存在着低层级网络向高层级网络汇聚并产生交互的特性，各层级的运作能力由"该层级各节点运作能力、较低层级运作能力对该层级的影响"两部分构成，表达式为

$$P_k = L_k \times E_{k-1}, \quad k = \alpha, \beta, \gamma, \delta \tag{5.3}$$

L_k（L_α、L_β、L_γ 和 L_δ）代表该层级各节点运作能力的总和，各节点的运作能力（$L_{\alpha i}$、$L_{\beta i}$、$L_{\gamma i}$ 和 $L_{\delta i}$）由节点所表现出的时间、数量、质量、结构和空间等状态（α_{ij}、β_{ij}、γ_{ij} 和 δ_{ij}）及各状态因素的重要程度（w_j）所决定，以资源层 α 为例，可表示为（β、γ 和 δ 层以此类推）

$$L_\alpha = \sum_{i=1}^{7} L_{\alpha i} = L_{\alpha 1} + L_{\alpha 2} + L_{\alpha 3} + L_{\alpha 4} + L_{\alpha 5} + L_{\alpha 6} + L_{\alpha 7} \tag{5.4}$$

$$L_{\alpha i} = \sum_{i=1}^{5} \alpha_{ij} w_j = \alpha_{i1} w_1 + \alpha_{i2} w_2 + \alpha_{i3} w_3 + \alpha_{i4} w_4 + \alpha_{i5} w_5 \tag{5.5}$$

E_{k-1}（$E_{\beta-1}$、$E_{\gamma-1}$ 和 $E_{\delta-1}$）代表较低层级运作能力对该层级的影响，从流程层 β 开始，较高层级的运作能力均会受到较低层级运作能力的影响，资源层 α 为最低层，故不受更低层级的影响。令 θ_{k-1} 为影响系数，若 $\theta_{k-1} > 0$，表示较低层级对该层级有正向的影响输出；若 $\theta_{k-1} < 0$，表示较低层级对该层级有负面的影响，应该对较低层级的节点网络和状态因素进行优化。因此，β 层受 α 层的影响可表示为（γ 和 δ 层以此类推）

$$E_{\beta-1} = L_\alpha \theta_{\beta-1} \tag{5.6}$$

因此，α、β、γ 和 δ 层的运作能力可分别表示为

$$P_\alpha = L_\alpha = \sum_{i=1}^{7} \sum_{i=1}^{5} \alpha_{ij} w_j \tag{5.7}$$

$$P_\beta = L_\beta \times E_{\beta-1} = \sum_{i=1}^{5} \sum_{i=1}^{5} (\beta_{ij} w_j) \times L_\alpha \theta_{\beta-1} \tag{5.8}$$

$$P_\gamma = L_\gamma \times E_{\gamma-1} = \sum_{i=1}^{3} \sum_{i=1}^{5} (\gamma_{ij} w_j) \times L_\beta \theta_{\gamma-1} \tag{5.9}$$

$$P_\delta = L_\delta \times E_{\delta-1} = \sum_{i=1}^{3} \sum_{i=1}^{5} (\delta_{ij} w_j) \times L_\gamma \theta_{\delta-1} \tag{5.10}$$

将式（5.7）、（5.8）、（5.9）和（5.10）带入式（5.2），可得到项目交付质量和效率最优化的目标函数表达式，并与式（5.1）联立，构成体系测度和优化的整体目标函数。面向项目驱动型企业的精益采购物流体系结构模型优化是根据体系运行的测度和判断，对体系中各层级中的网络节点和状态进行优化，从而达到尽可能降低采购物流成本、提高项目交付的质量和效率的目标，解决多目标规划的问题。

第六章　面向集成供应链的项目驱动型企业精益采购物流体系构建策略

本章主要关注面向集成供应链的项目驱动型企业精益采购物流体系构建策略，项目驱动型企业需以集成供应链思想为基础，优化采购计划及流程、加强供应商关系管理、实施采购成本管理、做好采购信息一体化建设、搭建智慧采购生态体系等，最终实现供应链上下游资源的均衡优化及完整的精益采购物流体系。

第一节　优化采购计划及流程

一、采购计划和流程的分类管理

在项目驱动型企业的采购活动中一般存在两类采购：一类是常规性采购的物料。它具有需求可预见性高、需求波动较小、供货周期长等特点，该类物料有充足的时间制订采购计划，并且可提前分短期和长期制订较为详细的采购计划。另一类是紧急性采购的物料。它具有不可预见性、需求波动大、到货时间要求紧等特点，该类物料产生的多为短期和临时性采购，采购时间紧迫。为满足降低采购成本和提高采购效率的综合目标，需要根据常规性和紧急性采购物料的特征分类管理采购计划和流程。

（一）采购计划分类制订

对于常规性采购，在供应商的选择、采购量和批次的确定上要综合考虑采购物流成本、项目交付质量和效率，其中成本在评价中所占比重相对较大。对于紧急性采购，则根据项目的重要程度制订采购计划，紧急且重要的项目需要优先考虑项目的交付质量和效率,采购物流成本次之;紧急但重要程度低的项目则需要对采购物流成本、项目交付质量和效率进行综合评价。

(二) 采购流程分类管理

对于常规性采购,在项目组上报物料需求后,经多项目需求整合,组织项目组、采购中心、物流部和财务部等多部门进行协商,就常规性物流需求共同制订采购计划;在物料到货后,先入库,再根据各项目物料需求进行解耦后的数据对物料进行项目间的统一调度。对于紧急性采购,由于供货时间要求紧迫,且可能多为不可预见或此前未发生过的需求,往往项目组对需求情况的了解比其他部门更加清晰,可无须经过多部门协商,直接由项目组来拟定采购计划,交由公司上层批示后直接开展采购;在物料到货后,不经统一入库的程序,直接由项目组领取物料或由物流直接配送至项目组,从而加快采购进程,保证项目物料的及时供应。

(三) 采购权责分类确定

采购活动是在多部门的协作下进行的,为避免采购活动中由于权责不明晰导致相互推诿的问题,需要根据采购类型分别确定各部门的权责。对于常规性采购,由采购中心主导和跟踪,项目组、物流部门和财务部等多部门协同进行计划制订、物料和资金调度、项目推进、信息反馈,采购的主要责任由采购中心承担,项目组、物流部和财务部对其所属职能负责。对于紧急性采购,由项目组主导和跟踪,采购中心、物流部和财务部等多部门协助配合,采购的主要责任由项目组承担,其他部门对其所属职能负责。

二、采购流程的集成化管理

项目驱动型企业应该针对企业内部采购计划、供应商选择、物料调度等采购活动的不同阶段制定标准化和专业化的采购实施程序,标准化的采购流程可以为采购活动提供依据,并提高采购的规范度,专业化的采购流程可以提高采购活动的合理性和采购的效率。同时，集成化的采购流程应该要能打通企业各部门之间的壁垒，充分发挥多部门协同的作用。基于此，提出面向集成供应链的采购实施流程（见图6.1）。

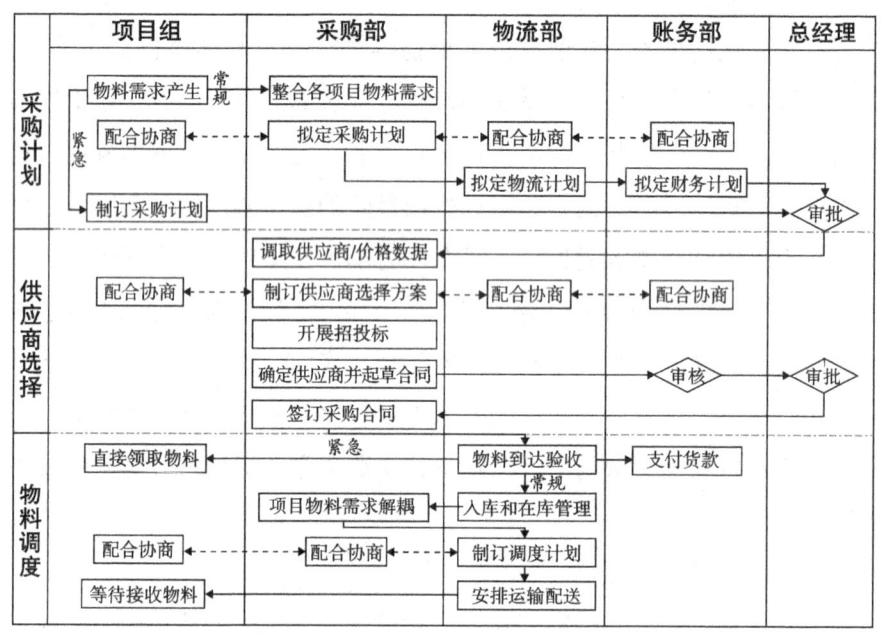

	项目组	采购部	物流部	账务部	总经理
采购计划	物料需求产生 / 配合协商 / 制订采购计划	整合各项目物料需求 / 拟定采购计划	配合协商 / 拟定物流计划	配合协商 / 拟定财务计划	审批
供应商选择	配合协商	调取供应商/价格数据 / 制订供应商选择方案 / 开展招投标 / 确定供应商并起草合同 / 签订采购合同	配合协商	配合协商 / 审核	审批
物料调度	直接领取物料 / 配合协商 / 等待接收物料	配合协商	物料到达验收 / 项目物料需求解耦 / 入库和在库管理 / 制订调度计划 / 安排运输配送	支付货款	

图6.1 面向集成供应链的项目驱动型企业采购流程

第二节 加强供应商关系管理

一、供应商分类管理

在与供应商总体保持良好伙伴关系的同时，实施供应商的分类管理，针对不同类型的供应商建立差异化的合作关系。根据供应商和项目驱动型企业对彼此的重要程度，可划分为伙伴型供应商、优先型供应商、重点型供应商和商业型供应商（见图6.2）。

```
          │
企     优先型供应商    │   伙伴型供应商
业                │
对                │
供 ───────────────┼───────────────
应                │
商     商业型供应商    │   重点型供应商
的                │
重                │
要                │
性                │
          └───────────────────────→
         供应商对项目驱动型企业的重要性
```

图 6.2　供应商分类管理

（1）对相对重要的伙伴型供应商和重点型供应商，项目驱动型企业需要特别关注，以保障物料供应的稳定性和可持续性。其中，项目驱动型企业对供应商重要程度也相对较高的伙伴型供应商，应联合项目组与该类供应商积极开展合作交流，进一步加深对彼此的熟悉和信任，维持和促进当前的合作关系；项目驱动型企业对供应商重要程度相对较低的重点型供应商，则需要重点攻破，全面了解供应商的诉求，为其针对性提供优惠和便利，激发供应商关系和协同物料供应的意愿。

（2）对重要程度相对较低的优先型供应商和商业型供应商，项目驱动型企业可以较少投入精力去提高合作关系的强度，以节约供应商关系管理的成本。对于优先型供应商来说，项目驱动型企业对供应商是较为重要的，该类供应商会渴望与项目驱动型企业之间保持较好的合作关系，并在协同合作中积极付诸行动；对于商业型供应商来说，由于企业和供应商之间的业务关系对彼此而言都不太重要，因此项目驱动型企业没有必要耗费过多的成本去维持合作关系。然而，考虑到不同项目和不同项目阶段对物料需求的差异性，不排除优先型和商业型供应商向伙伴型和重点型供应商动态转变的可能，因此，项目驱动型企业也需要审时度势，以长期和综合的眼光去评价和判断供应商的实力、能力和潜力，不能盲目解除或破坏与这两类供应商之间的合作关系。

除此之外，由于项目驱动型企业的项目具有一次性、差异性和较难复制等特征,不同项目和项目在不同阶段对物料供应商的需求可能也是变化的。因此,根据项目的推进和不同项目的实际需要,项目驱动型企业应定期与项目组讨论,全面和充分分析物料需求,并对供应商的分类进行动态调整,从而更新相应的管理方案。

二、供应商过程管理

对供应商实施过程管理,不仅要覆盖筛选评价、供应考核、激励、更新淘汰等全过程,而且还需要制订和完善相应的管理机制。

(一)供应商筛选评价机制

项目驱动型企业要以实际的物料需求为标准,协同企业内部多部门和多项目组共同制定细致的供应商筛选评价体系,具体包括物料的质量和价格、生产能力、物流能力、供货经验、工厂和仓库的分布、供货的稳定性、财务状况、商誉、企业文化、社会责任等多个方面,并将供应商的筛选评价材料归档。此外,还应根据筛选评价体系建立严格的评价程序和供应商准入制度,要对筛选指标逐一评分,并对评价过程全程监控,特别是对重点项目或重点物料的供应商,应该经项目组、采购、财务、质检和技术等相关部门的联合考察后再列入供应商名单。

(二)供应商供应考核机制

对供应商的供应考核,不仅要从合同执行力、物料合格率、货损货差率、供货准时率、维修和退换货响应速度等物料供应的具体指标进行评价,而且还需要参照供应商的筛选指标对供应商进行定期评估和更新供应商的档案。通过综合两部分的指标得分对供应商的当期状态和波动情况进行监控,可以强化对供应商的实时跟踪和动态管理,以保证物料实际的工艺质量和供应能力。

(三)供应商激励机制

激励机制是推进供应商合作的动力,一方面,要确保供应商评价和考核指标的合理性,对不同供应商进行评价和考核的公平性和一致性;另一方面,要根据不同供应商的诉求对优良供应商差别化和灵活化地指定激励方案，包括给予采购价格和数量、付款方式、账期、合同续期等方面不同程度的便利，提高供应商合作的积极性和稳定性。

（四）供应商更新淘汰机制

在物料的实际供应过程中，会存在供应考核得分过低或波动过大，或因其他特殊原因无法满足企业和项目组的物料需求，严重阻碍采购成本降低、项目交付质量和效率提高的供应商。因此，为保障物料供应的稳定性，项目驱动型企业应设立供应商备选库，并设定供应商排名和末位淘汰机制。

三、供应商提升管理

当以集成视角关注供应链整体时，供应商和项目驱动型企业都不再是孤立的存在或单纯的竞争关系，供应商的研发、生产和供货能力与项目驱动型企业精益采购物流体系的运作效率息息相关。因此，项目驱动型企业秉持"互助、互利、共赢"的心态协助供应商进行能力提升，不仅可以提高供应商维持当前合作关系的意愿，而且更有益于精益采购物流体系的建成和发展。

（一）协助供应商获取信息

需求信息是供应商安排原料采购和产品生产计划的基础，信息的内容和时效决定了其采购和生产计划的合理性，并将影响供应商的供货成本、质量和效率。在需求信息的内容方面，项目驱动型企业应将收集、汇总和分类整理后的各项目物料需求信息及时提供至对应的供应商处，尽可能保证供应商获取信息的完整性和准确性，避免信息失真或是需求变异放大的问题，以减少供应商不必要的损失或是对项目交付质量和进度的影响。在需求信息的时效方面，需求预测信息的时间跨度越长，预测的准确度越低，供应商的根据预测制订的采购和生产计划可靠性也就越低。因此，项目驱动型企业除提供完整和准确的信息外，还需要定期向供应商反馈最新的需求信息，以协助供应商调整采购和生产计划。

(二) 协助供应商完善产品

项目驱动型企业扮演着供应商链接市场的中介角色，同时也可以成为提高供应商竞争力的协助者。通过收集和向供应商传递项目的实际需求、物料使用过程中的功能和质量情况，项目驱动型企业可以让供应商获取到更加全面的市场反馈，明确研发创新和工艺改进的方向，帮助供应商对工艺水平和生产流程优化升级，提高供应商物料生产的质量和效率，减少不合格物料的损耗及检验和维修导致的浪费，实现企业和供应商之间的双赢。

第三节 实施采购成本管理

一、实施采购成本全面管理

采购成本管理是牵涉多个主体、项目、流程环节和物料的活动过程，要打造精益采购物流体系以降低采购物流成本，就要对采购成本的目标、流程、人员、体系和机制实施全面管理。

(一) 目标管理

采购成本的目标管理要注重全局性和细致性。一方面是全局性，采购成本目标的设定要以供应链为整体，不应通过成本和风险在供应链上的转移而实现单个企业、环节或项目采购物流成本的降低，而要以供应链整体成本的降低为目标。另一方面是细致性，以整体采购成本目标为导向，要根据各企业、项目、流程、部门和人员从上至下对目标进一步拆解和细化，落实到具体的业务操作中。

(二) 流程管理

采购成本的管理要设定规范化的管理流程。首先，采购成本管理流程覆盖要全面，不仅要涉及物流的需求、计划、订货、仓储和运送等全环节，而且还要涵盖采购成本的计划、执行、追踪、评估、反馈和优化等全过程，还需要对全环节和全过程进行分段管理，明确流程管理范围，落实流程管理细节。其次，要统一全过程管理的标准，项目驱动型企业应与供应商和项目组及其各部门协商建立起一套可供彼此共同实施的过程管理方案，实现流程管理统一化，并提高采购成本在不同主体、流程和项目之间的横向可比性，以及在不同时间节点之间的纵向可比性。

（三）人员管理

采购成本要落实到具体的人员管理。可以设立专门的采购成本管理部门或岗位，依照具体目标、项目或环节，分别明确采购成本管理的负责人、职权和责任，职能分工要明晰、职权无交叉、任务无遗漏，既要方便协作以提高管理效率，又要相互制约以避免暗箱操作和业务疏漏。

（四）体系管理

建立完善的采购物料的价格跟踪和评价体系。一方面，对采购物料的价格建立管理档案，在档案中对每批次物料的采购价和市场价进行记录。当发生采购需求时，除与当期市场价进行横向对比外，还需与档案中往期的市场价和采购价进行纵向对比，分析价格差异产生的原因，并以此作为判断采购价格合理性的依据。另一方面，要建立起采购价格的评价体系。对重点、供应不稳定、价格波动大的物料，应由项目驱动型企业联合项目组成立物料价格评价小组，定期收集需求物料的信息及对应的市场供应价格，分析和评价当前物料的价格水平，更新物料价格档案，并对未来的物料价格进行预判，考虑是否存在提前或延迟采购的必要性。

（五）机制管理

机制要服务于采购成本管理目标的实现，充分发挥能动性。监管和奖惩机制是机制设立的两个重要方面，监管机制是维持采购成本管理正常开展的保障，奖惩机制是推进采购成本管理持续优化的动力。因此，项目驱动型企业要充分掌握供应商、项目组、企业内部部门和员工的行为特征与利益诉求，并有针对性地制订围绕采购成本目标的监管和奖惩机制，以提高企业、项目、部门和人员的执行力。

二、采购成本动态管理

运用 PDCA 循环的管理思想，通过构建项目和企业内循环、供应链外循环，对采购成本进行持续改进、循环提高，具体包括四个阶段：计划（Plan，简称 P）是在一轮采购成本管理周期启动前制订达到采购成本目标的具体措施与方法；实施（Do，简称 D）是按照目标计划的要求，组织实施具体的任务；检查（Check，简称 C）是对管理周期任务的实施结果进行检查和评价，发现存在的问题的环节；处理（Action，简称 A）是对管理周期的结果进行处理，对取得成效的环节加以巩固，对失利的环节要及时改进和优化并将相应的调整修正引入到下一周期的循环中。

具体而言，构建面向集成供应链的项目驱动型企业的采购成本管理 PDCA 循环，要分别搭建项目和企业内循环、供应链外循环，具体的主导者、循环周期及管理对象如表 6-1 所示。对项目和企业内循环而言，不同项目需要以项目组成员为主导，在各项目开展周期内围绕项目内物料的供应、存储和调度过程定期进行采购成本的 PDCA 动态循环管理；不同节点企业需要以核心的采购或供应链管理部门为主导，在企业运营期内围绕企业涉及的所有物料的供应、存储和调度过程定期进行 PDCA 动态循环管理。对供应链外循环而言，需要以项目驱动型企业为主导，协同供应商和项目组，对合作期间所有物料的供应、存储和调度过程定期开展 PDCA 动态循环管理。

表 6-1 集成供应链的项目驱动型企业的采购成本管理 PDCA 循环

PDCA 循环类型		主导者	循环周期	管理对象
内循环	项目内循环	项目组	项目存续期	项目物料
	企业内循环	采购/供应链部门	企业运营期	企业物料
外循环	供应链外循环	项目驱动型企业	供应链合作期	供应链所有物料

第四节 做好采购信息一体化建设

信息是采购物流活动的重要组成部分，采购信息的一体化是推进精益采购物流体系优化的关键资源。项目驱动型企业需要从构建统一化采购信息标准、搭建集成化采购信息平台、建立动态化信息交流机制和支撑多样化信息价值创造等多个方面做好采购信息的一体化建设。

一、构建统一化采购信息标准

在对项目驱动型企业采购供应链进行集成之前，不同参与主体、部门可能都有一套属于自己业务流程的管理体系，采购信息在各主体、部门传递中需要消除信息孤岛，统一信息收集、处理、分析和存储的方式，并在供应链上多节点企业和企业内部多部门之间共享采购信息、协同开展采购活动。因此，集成供应链思想指导下的采购信息一体化建设就要构建统一化的采购信息标准，要明确统一的信息收集范围和内容，安装统一的信息采集接口和设备、采用统一的数据编码格式、汇总至统一的信息数据库进行存储和管理、遵循统一的信息调用程序、运用统一的多元化技术分析手段，以统一化的采购信息标准打通项目驱动型企业供应链信息流，助力面向集成供应链的精益采购物流体系的构建和发展。

二、搭建集成化采购信息平台

集成化采购信息平台是对项目驱动型企业供应链上涉及的需求、计划、订货、仓储和运送等采购信息进行集成后统一汇总，并向多主体开放共享、分析、管理、决策和操作等多功能权限的数字平台。其中，集成化包括了对多项目的横向集成，以及对供应链上多节点、企业和项目组内部多部门的纵向集成。采购信息平台不仅面向企业内部，而且也面向外部的供应链整体。在企业内部，采购信息平台可以打通部门间的信息壁垒，提高企业内部开展需求统计、采购计划、物料订购、仓储管理和运输配送等业务流程的衔接效率。在企业外部，采购信息平台可以实现与供应商和项目组之间对物流、信息流、资金流等运行状态的实时共享，辅助供应链上多节点之间的沟通和决策，开展供应、存储和调度等全过程的协同运作，提高需求预测的准确性、采购存储的合理性、供应调度的及时性。

三、建立动态化信息交流机制

建立实时跟踪、定期反馈和调整的动态化信息交流机制。首先，在供应商、项目驱动型企业和项目组的信息在系统和平台上进行共享时，要实时跟踪信息的变化，对不同系统和平台的信息进行及时同步更新，保证各方掌握信息和交流的一致性和准确性。其次，供应商、项目驱动型企业和项目组要定期对信息获取和使用的情况进行彼此反馈，对信息的完整性和可靠性、交流中存在的问题进行及时分析、改进和调整。

四、支持多样化信息价值创造

为充分最大化信息的效用，项目驱动型企业应该通过在不同层面搭建多样化信息运用渠道，充分释放信息的价值创造力。在项目运作层面，实时监控物料需求、物料库存数量和状态、项目进度、项目交付结果等信息，要掌握项目需求和状态的动态变化，及时安排和调整更精准的采购活动，要分析项目的物料需求特征和消耗规律，为项目后期和其他同类项目的需求预测提供参考，还要对项目启动、推进和交付的全过程信息进行复盘，总结项目运作的中存在的优势和不足。在企业运营层面，利用信息平台打破项目驱动型企业内部的"部门墙"，消除信息壁垒，提高多部门之间的协作效率，辅助其开展更有效的沟通和决策。在供应链运行层面，通过集成供应链的采购信息，进行信息的一体化建设，以采购物流成本最小化、项目交付质量和效率最优化为目标，对信息资源进行整合、配置和利用，可以促进供应链在供应、存储和调度等

第六章 面向集成供应链的项目驱动型企业精益采购物流体系构建策略

多环节的协同，实现供应商、项目驱动型企业和项目组之间的价值共创。

第五节 搭建智慧采购生态体系

以数字化的技术手段为基础对采购各环节和采购体系进行智慧化改造，在前端提高软硬件和设施设备运作效率，并对项目采购数据进行采集分析；在中端依托采购服务平台在全链对数据信息进行共享和辅助决策；在后端最终实现多项目采购活动的无缝衔接和智能化管理，使采购更加精准化和高效化，满足不同项目多场景的采购需求，构建共享生态。

一、全链数字化升级

（一）实施底层技术化改造

对底层的软硬件和基础设施设备进行技术化升级和改造，提高物流的运作效率和数据的掌控力。一方面，利用POS、拣选机器人、自动分拣线、自动化存储货架、AGV、无人车、无人机、管理信息系统对物流活动进行改造，提高物流的自动化运作效率。另一方面，运用条码、感知识别、大数据、人工智能、云计算、物联网等技术对企业采购涉及的所有环节进行数字化升级，实现采购活动的信息化和数据化，获取和存储各项采购活动的状态。

（二）设立数据管理库

通过设立项目需求数据库、供应商数据库、物料价格指数数据库，实现项目需求端到供应端的全链路数据闭环，实时掌握项目需求和市场供应动态。

（1）项目需求数据库。针对不同的项目，充分利用大数据对项目信息进行收集、整合和分析，建立项目的需求数据库，准确掌握不同项目业务客户、不同区域、不同季节或时期、不同项目阶段、不同价格区间等综合条件下需求的物料类型质量和数量、需求的变化情况等特征，以需求数据作为管理、决策、创新优化的依据，让供应链在采购活动中获取更高的主动权。

（2）供应商数据库。根据项目需求部署和动态更新企业的采购战略，整合上游优质的供应商资源，建立供应商数据库。同时，根据供应链考核和评价办法数据库内的供应商优胜劣汰，为企业的供应商群体营造公平、公正和公开的市场竞争环境，在提高供应商自我提升能力和合作意愿的同时，让项目驱动型企业掌握采购定价和协商的话语权，有效降低采购物流的成本，减少诉讼纠纷，确保采购物料的质量和供应的稳定性，保障项目交付的质量和效率。

（3）价格指数数据库。实时导入和整理供应商供应物料价格、项目业务客户价格的价格指数数据库；并在价格数据经导入和审核确认后对网站、APP 和微信等多渠道统一实时更新，并在多系统同步使用。以价格指数数据库为基础，可以掌握物料供应市场和项目需求市场的价格变化情况，辅助企业分项目、分物料进行可靠的成本分析，判断价格的合理性，避免由于信息不透明、掌握不全面、更新不及时等导致采购成本过高的问题。

二、全链智能化管理

智慧采购体系的构建要从"采"到"供"对全链进行智能化升级，为需求统筹、项目管理、供应招标、物流调度、履约跟踪和财务结算提供集成化的解决方案，实现一站式的智慧采购，提高采购全过程智能化的运作管理能力。在需求统筹方面，利用智能算法对物料需求进行整合、分类和分配，并辅助实施需求预测和采购计划决策，让需求分析更精确。在项目管理方面，对"计划—启动—实施—交付"的全环节同步至线上系统，远程实时反馈物料供应情况、项目实施进度和交付结果。在供应商招标方面，利用供应商数据库和价格指数数据库迅速找到最匹配的物料供应商，并在"招标—投标—评标—中标—签约"的全过程中采用合规的招投标系统开展电子招投标，让招标更透明、更高效。在物流调度方面，利用大数据、云计算等技术对"运输—仓储—分拣—配送"的全链路进行智能规划，让物流调度更合理。在履约跟踪方面，对"发货—运输配送—收货—验收"的全链路实时监控，让发收验的履约过程都尽在掌握。在财务结算方面，"订单—账单—票据—结算单—付款单"全流程统一采用电子化的结算票据、线上化的票据核验和结算方式，让企业间的结算更简单。

三、全链生态化融合

（一）搭建生态化采购服务平台

围绕项目运行的全生命周期，整合项目驱动型企业、供应商和项目组等多个相关主体，集成项目采购物流的多个功能环节，构建汇聚项目管理、招采服务、物流服务、供应链金融服务等多项支撑性服务的生态化采购服务平台，为多项目的采购活动提供全链路的解决方案，为物料供应调度的信息流、物流、资金流和技术流的衔接提供保障。

（二）打造智慧采购生态产业园

在对全链数字化升级和智能化管理的基础上，以数字化和智能化的设施、系统和采购服务平台为支撑，打造智慧采购生态产业园，以项目驱动型企业为核心，引入项目组、项目客户、物料供应商、相关服务供应商，形成产业聚集，提高物料采购、供应和调配的效率。其中，根据供应商合作关系的持久性、物料和相关服务需求的波动性，可将产业园内划分为动态的临时性区域和长期的固定性区域，具体包括围绕特殊项目的供应商和物料的临时性生产、加工和仓储区域，长期供应商和物料的固定性生产加工和仓储区域，物流、金融、技术、研发、广告和咨询等固定性服务区域，在保证多项目物料和服务的需求即时得到满足的同时，又可在动态调整中提高生态产业园的利用效率。

第七章 面向集成供应链的 H 公司精益采购体系构建方案

第一节 H 公司采购现状及典型问题分析

一、H 公司简介

H 公司创立于 1993 年，目前旗下拥有多家控股子公司。公司是国内综合性工业设备防磨抗蚀新材料研发、生产、销售及技术工程服务的龙头企业。2011 年公司在深交所中小板成功上市。上市后，积极布局声学降噪环保、垃圾炉和设备防腐、互联网等多个领域，声学降噪和垃圾炉防腐业务规模处于行业领先地位，在互联网软件游戏分发领域名列前茅，PC 端应用、移动端 APP 分发领域优势尽显，目前已形成节能环保与互联网+双主业驱动产业格局。H 公司始终秉承"没有创新就没有发展"的创新理念，建立了国内一流的企业技术研发中心和国内首家"防磨抗蚀博士后科研站"，科研站先后进出站博士后达 20 多名，目前在站博士后 4 名、硕士 20 余人。防磨抗蚀、噪声治理产品研发水平在行业内处于领先地位，防磨抗蚀技术标准引领行业标准，互联网+领域的产品研发与百度、阿里、腾讯、360 等互联网巨头的深度合作，汇聚技术优势力量。拥有发明专利、实用新型专利及相关 50 多项，软件著作权 60 多件。科技计划项目列入国家级项目 18 项、省级项目 50 余项。具体业务情况如下。

（1）节能环保业务。①防磨抗蚀业务。防磨抗蚀业务作为国内领先的综合防护服务提供商，公司提供的防磨抗蚀服务集防护材料、方案设计、工程技术服务于一体，可根据工业系统设备、燃料的种类、基体材质，磨损腐蚀的介质、方式、程度，现场工况条件等不同情况，为电力、钢铁、水泥等企业提供相应防护服务。通过公司提供的防护服务，预防和修复基体表面磨损腐蚀，延长工业系统设备的使用寿命和提高运行的稳定性，消除因设备失效而引起的安全隐患，减少非正常停炉、停机、停产。公司一直致力于防磨抗蚀新材料的研发、制造，以及工业系统设备的防磨、抗蚀、节能等技术工程服务。②垃圾焚烧炉防护业务。垃圾焚烧炉防护业务是防磨抗蚀技术在垃圾焚烧炉行业的创新应用，主要是通过对炉内管排及相关部件进行预防护和再制造技术服务，解决其磨损和腐蚀问题，大幅度提高其使用寿命，减少因磨损和腐蚀造成的经济损失，是在我国经济发展持续上台阶、民众对环保要求日渐提高的新形势下，应运而生的新兴产业。目前公司的产品和技术在行业内处于领先地位，拥有垃圾焚烧炉管排防护相关的核心技术，已经攻克了垃圾炉燃烧高温管排腐蚀严重的难题，公司当前的 HCMT 冷焊技术已经大量应用于垃圾焚炉管排的防护，能使其使用寿命延长至原使用寿命的 6~8 倍。③声学降噪业务。声学降噪产业作为环保产业的一个分支，通过声学设计、声学新材料、声学新技术在工业、交通、建筑、社会生活等行业领域应用，采取隔声、吸声、消声、隔振等措施，控制噪声源的声输出，控制噪声的传播和接收，以得到人们所要求的声学环境。

（2）互联网营销业务。2017 年公司通过外延式扩张收购 FY 和 JF 公司，成功切入互联网软件分发业务。FY 和 JF 公司的主营业务包括软件分发、推广业务、互联网页面广告业务。FY 和 JF 公司凭借近十年的互联网营销经验，积累了百度、腾讯等一批优质的互联网客户资源，通过自身的媒体资源及联盟平台为软件厂商等提供产品推广服务。其中 FY 通过其旗下的互联网媒体资源和采购的外部互联网媒体资源，为百度、腾讯等提供软件分发和移动 APP 营销推广等服务，FY 根据软件、APP 的下载数量、使用情况等向客户收取费用。JF 通过其旗下的互联网媒体资源（PC6 下载站、DD 手游助手）和采购的外部互联网媒体资源，为百度、腾讯、360等互联网公司提供软件分发等服务，JF根据软件下载数量、使用情况等向客户收取费用。

二、H公司采购现状

H公司的采购中心负责着全公司所有物资的采购工作，涉及品种繁多、体系复杂。采购中心负责采购的物资品类有：丝材、耐材、管排、电机设备、堆焊气体、声学降噪物资、新能源物资、大宗物资，以及日常劳保及办公物资等。

采购中心现有7人，男性4人，占比57%；女性3人，占比43%（见图7.1）。

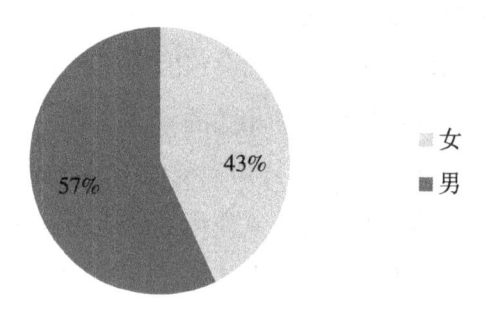

图7.1 采购人员性别结构

采购中心现有人员中35岁以下人数为2人，占比28.6%；35~45岁人数为5人，占比71.4%（见图7.2）。

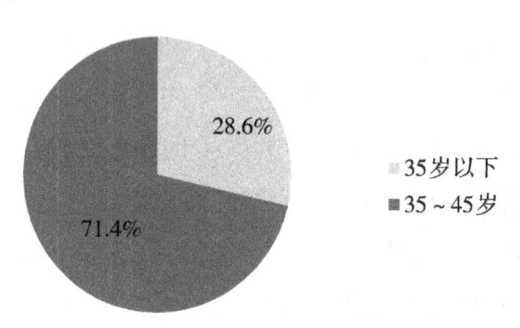

图7.2 采购人员年龄结构

第七章　面向集成供应链的 H 公司精益采购体系构建方案

采购中心现有人员中本科毕业人数为 3 人，占比 42.86%；专科毕业人数为 4 人，占比 57.14%（见图 7.3）。

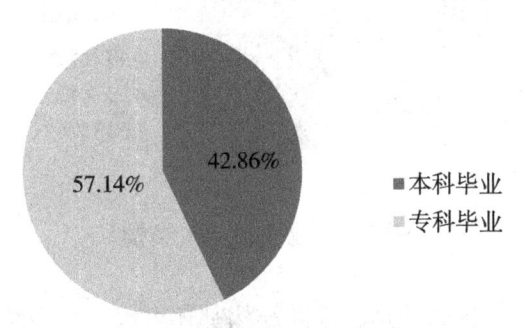

图 7.3　采购人员学历结构

中心仓库、二级仓库及声学仓库共有保管员 9 人，男性 5 人，占比 55.56%；女性 4 人，占比 44.44%（见图 7.4）。

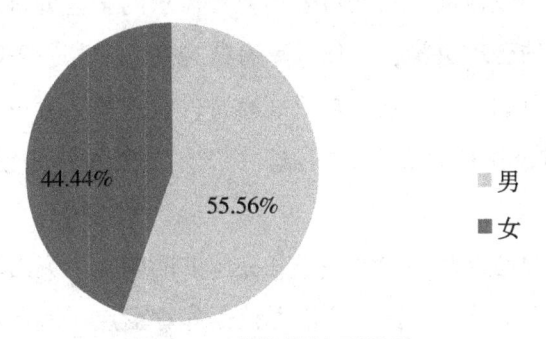

图 7.4　仓管员性别结构

现有仓管员中 60 岁以上的人数为 2 人，占比 22.22%；50~60 岁的人数为 2 人，占比 22.22%；40~50 岁的人数为 3 人，占比 33.33%；30~40 岁的人数为 1 人，占比 11.11%，30 岁以下的人数为 1 人，占比 11.11%（见图 7.5）。

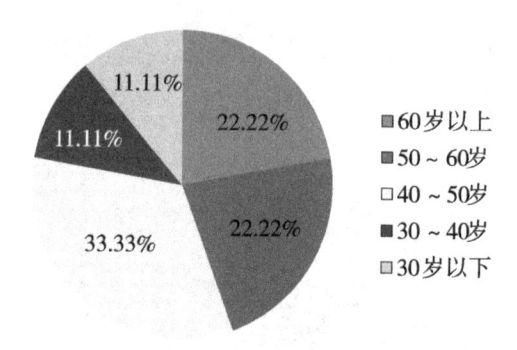

图 7.5　仓管员年龄结构

目前，采购人员的性别、年龄结构都还可以，学历结构有待进一步提升。采购中心却延续着传统采购管理方式，主要是根据各个需求部门的申购单进行采购，为了降低采购成本，往往会选择至少 3 家供应商进行询价和比价，最终确定 1 家报价最低的供应商进行合作。对内，采购中心整个工作中较被动，缺乏对公司业务需求的全盘分析、缺乏采购计划及库存储备的合理决策，工作效率有待提高；对外，采购中心与供应商之间处于简单的交易关系，缺乏战略合作伙伴关系意识。采购中心作为公司与外部合作伙伴链接的枢纽并没有充分发挥资源整合和疏通作用。

仓储人员的性别及年龄结构不是突出的问题，最突出的问题是目前没有专业背景仓储管理人员，所以无论是库存盘点、库存计划的制订还是仓储专业管理都比较薄弱，急需加强。采购中心尚需要挖掘和培养熟悉全部业务且具有一定的决策分析及制订计划的专业人才。

三、H 公司采购物流典型问题分析

H 公司生产及服务业务的开展是由需求拉动的，由于业务特殊性导致出现采购物流的计划性不强、流程不畅、效率不高、信息不对称等问题，通过调研发现 H 公司采购物流的主要问题具体集中在以下方面。

（一）采购组织架构有待完善

采购中心目前负责全公司的物资采购工作，但采购中心目前还是 H

公司下属工程技术公司下的工程中心下设部门,采购中心在公司整个组织架构中的位置、权限与其管理的业务范围严重不符,这将直接影响到采购流程审批的效率及采购管理的效果,非常有必要进行相应的优化调整。

(二) 采购计划性偏弱

目前,采购中心力量偏弱,现有采购员多数时间在处理事务性的流程工作,大多数时候是在被动执行,无法发挥采购中心的主动决策权,安全库存的决策基本是仓管员拍脑袋决定的;采购工作尚缺乏行之有效的采购计划,这与采购中心的权利范围过小、掌握不到生产计划及多个库房物资的准确数据信息有关。

(三) 存在明显的信息孤岛

部门之间的协调性较差,物料的需求、采购、仓储与在厂内的流通及衔接是分隔开的,部门墙比较厚,无法预知自己部门面对的下游部门的实际需求,存在明显的信息孤岛。一方面,采购业务中申购单、采购订单及采购合同、付款单据等多为纸质文件流转,纸质文件不容易存放也容易遗失,且缺乏过程中的跟踪和监控,如果一旦采购员或者审批人员不在岗就会导致整个流程受阻,人为影响因素太大,缺乏完整的电子数据积累将会极大地影响业务效率,也无法为今后的业务决策提供基础依据;另一方面,采购管理中信息流断裂,虽然财务管理、采购申购单制定已经在使用信息系统,但是仍存在采购中心无法与财务部、仓管科实时传递及交换数据,存在严重的信息孤岛,严重影响了采购执行的效率和准确性。如果持续缺乏统一的信息化手段及完整的电子数据共享将无法进行科学合理的管理决策。

(四) 供应商管理水平有待提升

目前,供应商管理体系不完善,公司对重要的材料、设备也没有建立健全的供应商资料库。采购员负责下订单、负责合同审批付款、负责物料跟催及负责供应与生产的协调,基本无力充分了解市场的行情,更别谈强化供应商的管理和谈判能力的提升。另外,公司对供应商择优选择、供应商绩效考核及供应商关系维护等方面还缺少时间和精力的投入。

（五）物资管理比较粗放

（1）仓储资源比较分散。目前有中心仓库、制造部二级仓库、声学公司仓库等多个仓库，存在库存数据不准的情况；物料存储二级分库不利于物料在全公司范围的灵活调配和充分利用，二级仓库与一级仓库未实现资源整合与共享，可能导致资源的流失及使用浪费等现象。

（2）仓储设施设备比较落后。仓储的大部分物资是随意性存放，仓库空间利用率很低，领料、人工搬运费时费力。

（3）库房人员配置不合理。物资管理工作的人为影响因素太大，备料计划的指标数字偏大，有时候是拍脑袋计划，缺乏科学依据，部分物料超储过多，有保存期限与使用期限的物品时间管理不到位，未严格执行有效的时间管理。

H公司在采购管理中存在力不从心、库存积压、效率低下等问题。具体表现在：公司运营成本连年增加、订单审核隔日完成的急单、疑惑不解但不得不求助上级领导帮忙的采购员、采购到货后发现同一物品在库房中有存货、与供应商处于简单的交易关系而得不到优先供货且质量不能得到完全保障等多个方面。

根据H公司采购管理活动现状调研，造成H公司采购效率低下的原因是多方面的，主要原因可分为计划、流程、人员、库存、信息化水平、供应商等方面（见图7.6）。

每一个大要因下又可总结归纳出若干小要因，具体分析如下。

（一）计划管理方面

一方面，H公司存在采购计划被动执行的情况，采购计划与生产部门的生产计划衔接不紧密，生产开始后发现缺少原材料于是传导至采购中心，这时的采购计划被生产计划推着走，陷于被动执行的窘境，导致采购计划对资源的优化配置和调度作用并未得到发挥，缺乏主动性和前置性是采购计划不科学的重要原因。另一方面，采购中心权力不足，生产部提交了采购申请，采购人员必须快速执行，在其他部门看来，采购中心更多像是一个提供物资供应的服务部门，所以采购中心处理日常性事务比较多，没有自主决策权，在流程上限制也较多，缺乏灵活性，无法在整体上整合各部门物料需求计划，难以使采购管理有力支撑企业整体运行目标。

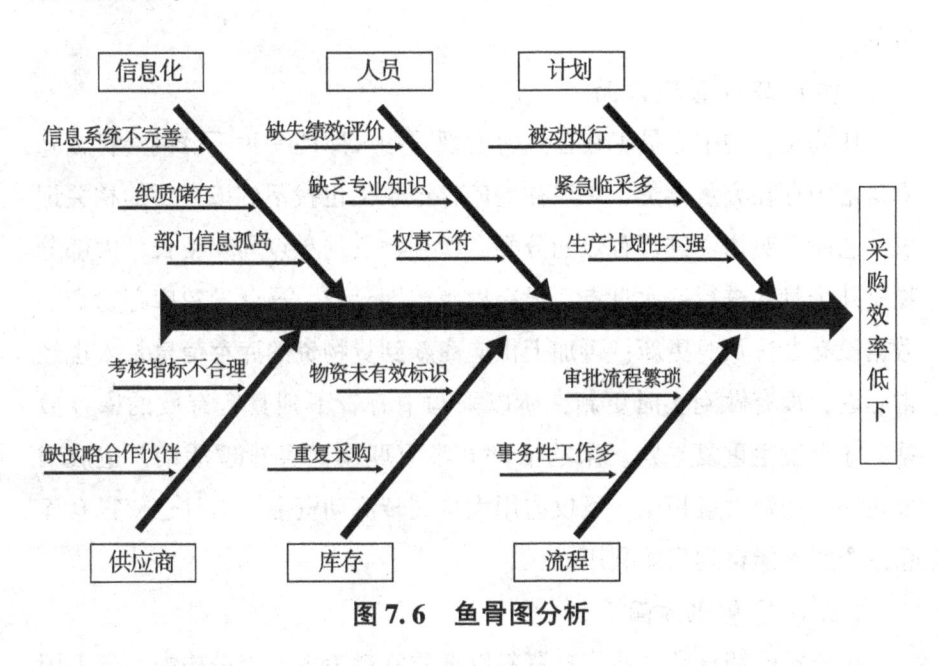

图 7.6 鱼骨图分析

（二）流程方面

H 公司在采购计划审批流程上虽然比较规范，既有采购经理的审批，又有财务部、运营部等部门的参与，但不免显得烦琐，特别是遇上临时采购时还是要遵循流程规定，使得采购决策在特殊情况下灵活性不够。此外，采购员当天提交了采购计划，直到第二天才能真正得到落实，信息流转时间较长，影响了采购实施效率。

（三）人员方面

首先，H 公司采购中心总体人力比较薄弱，真正受过本科教育的专业采购人员更是缺乏，更别说系统学过采购学专业或课程的人员。采购员队伍的综合素质和专业能力也参差不齐，缺乏有计划头脑的采购分析及决策人员。其次，H公司前期认为采购工作简单上手快，因此对采购人员的日常培训不足，使得部分员工专业知识储备不足，像合同管理等需要较专业背景知识的业务可能难以应付。最后，H公司前期对采购中心人员的绩效考评有所疏忽，在这种干多干少一个样或差不多的情况下，难以激励员工努力提升自我，不断学习新知识，突破自我发展自我。

（四）库存管理方面

H公司采购中心员工在盘点时发现采购入库的一种不锈钢丝材在仓库角落中存在大量存货，在以往的库存记录上也找不到该存货的相关记录，仓库未对物资进行有效的分类。库存物资的盘点周期很长，大部分物资几个月才进行一次盘点，没有做到定期盘点，这就导致库存物资的数据没有办法及时更新；再加上供应商新到货物资的库存信息录入也经常延迟，没有做到实时更新，所以采购中心看不到真实有效的库存数据，才会发生重复采购。采购活动并没有联动库存管理活动，造成H公司一些物资大量积压，不仅占用大量周转流动资金，而且也使得仓库仓位资源不能得到高效利用。

（五）信息化方面

H公司前期日常采购信息资料以纸质资料为主，当采购中心员工因采购合同内容不全需要找到原来签订的采购合同时发现纸质文件太多，一时间难以找出，导致采购工作效率难以提高。在采购模式上也存在单一性的问题，没能及时采用电子化采购等先进的采购模式，仍然以线下采购为主，无疑会拉长采购活动的周期，所以实行信息化、电子化采购管理显得尤为必要。

（六）供应商管理方面

首先，H公司存在供应商考核指标不全面的问题，太过注重采购价格，对于采购物料的到货及时率、物料合格率、供应商服务态度和水平等指标给予的重视程度不足，出现了物料不合格情况也是以罚款为主。其次，H公司供应商战略合作上没能形成稳固的长期战略合作关系，经常有供应商,特别是份额较小的供应商退出公司供应商名单,供应商流动性大,不利于打造长期合作的供应链共赢生态格局。最后,在供应商开发流程上,H公司缺乏现场评估审查,多以供应商自己提交的材料作为供应商引进的依据,同时在供应商信息维护上存在滞后性。

第二节 面向集成供应链的H公司精益采购物流 DPOST循环圈的提出

根据H公司需求、计划、采购、仓储和运送的密切关联度,以精益采购物流作为指导思想,对公司内外部供应链进行优化建设,将内外部供应链集成一体化落到实处,通过面向集成供应链的H公司精益采购物流DPOST循环圈的构建,实现资源整合、降本增效并最终实现公司各部门在权责分工更明确、部门间协作和联动成效更显著、公司经营管理更规范。

一、需求精确化

需求分析是牵动物料流通的一个重要的起点因素,对于整个物料库存管理至关重要。要做到精确化需求主要是针对需求统计过程中影响需求时间及数量的不确定性因素进行专业化预测分析,根据经验判断及快速确认源头信息来确保需求的精确化。由各使用单位申报汇总而来的零星需求不够精确多半是因为需求报批权限的松散管理,针对这个问题H公司要对申报单位发出需求的行为进行监督、监控,要保申报即为所需。

二、计划精准化

采购计划编制是采购的基本依据,可以按照正常采购和紧急采购两类计划来编制,并分别针对数量和时间进行精细化控制和调整,具体如下。

（一）正常采购计划精准化

根据H公司项目订单确定生产计划、储备计划，并依据型号生成物料需求清单，同时综合考虑物资库存量（企业库存与在途货物）、采购周期、安全库存、采购批量、成本等要求，按照物资采购的必要性和合理性原则编制采购计划，然后提交审批，避免计划过量和不必要采购造成资源的积压浪费，避免因计划不当造成物料短缺而影响生产。为确保物资按时按质按量供应，采购计划中应列出品种、规格、数量、交货期，并提供相关技术要求文件。市场变化或技术状态更改后要及时对计划进行修改和调整，并将信息及时通知供应商做相应调整，避免因变化而造成意外的损失。

（二）紧急采购计划精准化

紧急采购计划一经审批，计划员就应按计划的相关要求执行采购，签订订货合同。从合同下达到货物跟踪，从到货交验到质量问题的处理，每一环节都应执行到位，防止意外事件的发生。订单合同签订者一定要对合同执行全过程进行跟踪检查，以保证合同的正常履行，满足H公司生产的正常运作及办公的正常进行，同时权衡处理订单、需求、库存三者之间的矛盾关系，在实际计划编制中还应着重控制时间、数量等关键点。

（三）订货精明化

订货流程运行的成功与否将直接影响到企业生产、销售的最终产品的定价情况和整个H公司供应链的最终获利情况。企业采购订货的运作水平对生产过程及生产成本会产生重大影响，采购流程的"龙头"作用不容忽视。精明化订货策略，要将各部门的分散订货集中起来，实行原材料物资、配套件、标准件统一采购，统一供应。主要包括成本精明化和方式精明化两个方面。

1. 成本精明化

加强精益采购成本管理，要通过对采购成本的综合管理和控制来实行集约化采购。精益采购成本管理是以采购为切入点，通过规范企业的采购行动，实施科学决策和有效控制，以质量、价格、技术和服务为依据，在需要的时候、按需要的数量采购需要的物资，杜绝采购中的高价格和一切浪费，其前提是 H 公司与供应商之间须实现信息资源共享，企业的采购计划的周密与准确。精益采购成本管理依托于精益采购来实现，精益采购要求建立健全企业采购体系，使采购工作规范化、制度化，建立决策透明机制，实行必要的招标采购，使隐蔽的信息公开化，防止暗箱操作，在保证质量的前提下，使采购价格降到最低；以公正、公开的原则，来选择好供应商，采用定向采购的方式，即对每一种所需的物料，按质量、技术、服务和价格几方面的竞争能力，来选择供应商，并与之建立长期、互惠互利的战略伙伴关系，实现供应渠道的稳定和低成本；通过与供应商签订在需要的时候提供需要的数量、需要的品种的物料协议，实施适时采购，得到缩短提前期、减少物料库存。精益采购使采购的每一环节、每一过程的成本实现了精益化控制的目标，精益成本管理思想得到了充分体现。在采购过程中，采购管理员必须充分与供应商进行沟通，确认所购物资可提供保障的供应商，严密跟踪供应商准备物料的详细过程，保证订单严格执行到位。对订单无法满足或市场变化需调整订单的，立即与供应商协调，请供应商想法解决相关问题。与供应商的协商结果同时须立即通知 H 公司内相关部门，做好相应的调整工作。

2. 方式精明化

订货方式的精明化首先要保证使用足够多样化的采购方式，需对不同的物品采用不同的采购方式，如：对于金属类的订货可以采用定量订货与定期订货结合的方式，避免单纯的定量或定期订货导致的采购基数偏大的现象；对于非金属类物资的订货计划可以根据物品的属性、保管手段、保质期及用量等综合判断订货时间及订货量。

在采购过程中应尽量的借助多样化的采购手段，比如可以适当采用与供应商的协同计划、预测及补货采购策略；针对物料占用价值及重要性不同，分别对战略物资、重要物资、瓶颈物资和一般物资采用不同程度的供应商管理库存的采购模式；针对存在最小起订点的物品尝试联合库存管理的采购模式或成立联盟采购。

（四）仓储精细化

仓储是H公司物流供应链管理中非常重要的一个环节，H公司需一改仓储管理粗放化的现状，要追求仓储精细化。主要包括手段精细化和操作精细化两方面。

1. 手段精细化

在物资验收管理、物资入库管理、仓库物资存储管理、仓库物资盘点管理和仓储物资出库管理方面做到不同类别物资的仓储手段及方法的精细准确化；借助先进的仓储管理辅助技术，如仓储管理信息系统、射频识别技术等，实现不同物品的分类管理，并进一步实现物流、信息流和资金流的实时、动态统一。

2. 操作精细化

对于物资的保管及出入库操作要做到精细化控制，重点把握好库存物资的数量、质量、储存成本、安全、损耗等关键控制点；在具体的出入库及仓储管理过程中借助先进的设施设备来使搬运装卸、分拣、流通加工等操作作业得到更精细化的管理，实现仓储操作规范化和合理化。同时，加强库房的规范化管理，对库存物资中呆滞多余的库存要分析形成原因，并针对物资具体属性进行针对性消化措施。具体可以采取精益库存管理的思路，识别多余库存——分析多余库存形成的原因——采取对应处理措施——进一步优化。分清多余库存产生的原因比较关键，根据不同成因采用相应的策略和手段，针对性采取措施以保证处理的有效性。

（五）运送精心化

随着市场竞争的日趋激烈，企业的竞争优势逐渐从成本和质量转移到敏捷性上来。在这种环境下，企业的竞争表现为如何以最快速度响应市场要求，满足不断变化的多样性需求非常重要。对于项目驱动型企业的H公司来说，物资运送是一个复杂的系统工作，涉及H公司研发、工艺、计划、生产、仓库等多个管理部门,也涉及对客户需求的交付,牵涉部门多、管理幅度大。H公司物料配送受项目独特性影响,在交付过程中需要精心组织。运送的精确度反映出企业的管理水平,为进一步优化H公司物流运送服务质量,要对内部物流的有序衔接做好统筹规划、执行和跟踪,要将实际的操作与信息系统关联起来,消除信息壁垒,最大限度地压缩企业内部实物停留时间,降低资源组织费用和库存资金,有效保障生产需求,提高企业的整体效益。

第三节 面向集成供应链的H公司精益采购物流体系结构模型

面向集成供应链的H公司精益采购物流体系是将供应链视为一个有机的整体,供应链整体包括由"物料供应商、H公司、项目组"等构成的节点主体和由"需求统计、采购计划、物料订购、仓储管理、运输配送"等构成的功能环节。面向集成供应链的精益采购物流体系要求采用集成化的管理思想和方法,整合供应链上涉及的信息、订单、资金、物料、人员、技术和知识等资源要素,打通各节点主体和功能环节之间的壁垒,对H公司供应链从上游物料供应、中游的物料存储、下游的物料调度等全过程中涉及的多主体和多环节进行集成化的精益管理(见图7.7)。

面向集成供应链的H公司精益采购物流体系主要体现在将需求、计划、采购执行、仓储、运送等紧密关联的环节打通了。基本运作主线遵循:工程部与制造部将月度生产计划及物料需求计划报给采购中心下的仓管科,仓管科库存预警室负责核对物料需求计划与库存量的匹配情况,根据具体情况报出净需求量给采购中心的计划管控科的计划室,计划室依据净需求量分解成不同科室的采购计划并对应给采购科的每个室,紧急物资需求的申购计划也是先报仓管科库存预警室,核对库存量的情况,根据实际对照报出净需求量给计划室,由计划室制订紧急采购计划并分发给采购科对应的室，采购科具体执行采购询价、议价及供应商确定等工作，到货后仓管科通知质检部检验合格入库，仓管科根据相关单位需要办理物资出库手续，整个过程中需要实时更新库存数据，以便于整合资源，做到内部集成化管理。

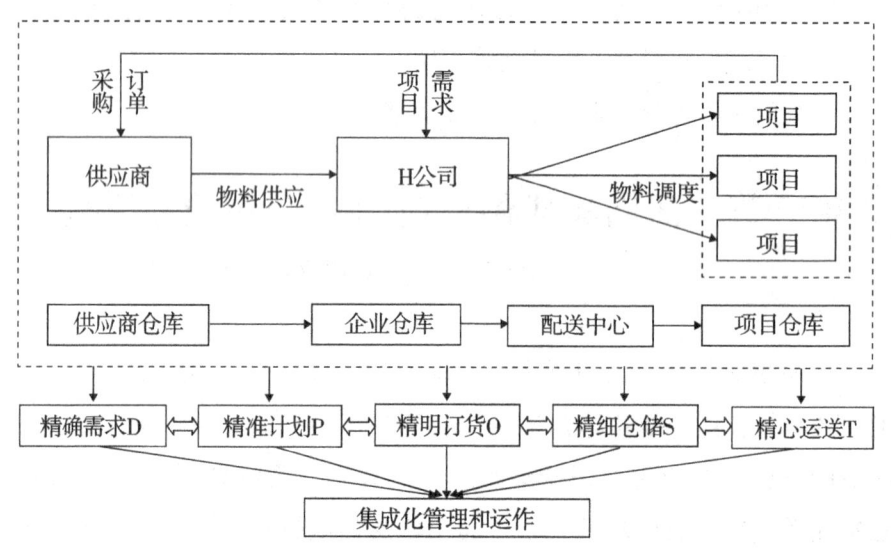

图 7.7 面向集成供应链的 H 公司精益采购物流体系

第四节 面向集成供应链管理的 H 公司采购业务模式创新

针对 H 公司目前采购模式单一的问题，本研究认为可以进行面向集成供应链管理的 H 公司采购业务模式创新，旨在以集成化的供应链管理思维，通过制定和实施 ABC-XYZ 综合采购控制模式、采购策略矩阵与 VMI 的结合模式、JMI 采购模式、基于采购平台的 CPFR 供应链协同采购模式，形成更加精细化和精明化的采购业务模式，进而为精益采购物流体系的构建奠定基础。

一、ABC-XYZ 综合采购控制模式

在 H 公司的采购管理中涉及有多个项目、多种类型、多种价值等级的物料，对物料的采购管理应综合不同物料的价值、品类占比、需求波动程度等属性特征，进行多级细化分类，实施 ABC-XYZ 综合的采购控制模式，进而实现对物料采购的精益化管理。

（1）根据 H 公司物料在各物料占总种类比例（即累计金额百分比和品类占比两个维度）综合考虑进行 ABC 分类。以 H 公司制造仓 2020 年 7 月的库存数据为例，对各物料累计金额百分比、品类占比及分类进行分析（见表 7-1）。其中，A 类物资品类数量 20 种，占总品类百分比为 9.66%，金额 1459097.90 元，占制造仓期末总结余金额百分比为 85.43%；B 类物资品类数量 42 种，占总品类百分比为 20.29%，金额 187228.94 元，占制造仓期末总结余金额百分比为 10.96%；C 类物资品类数量 145 种，占总品类百分比为 70.05%，金额 61560.22 元，占制造仓期末总结余金额百分比为 3.61%。

表 7-1　制造仓物料 ABC 分类情况

类别	品类数量（种）	占总品类（%）	金额（元）	占总结余金额（%）
A 类	20	9.66	1459097.90	85.43
B 类	42	20.29	187228.94	10.96
C 类	145	70.05	61560.22	3.61
合计	207	100.00	1707887.06	100.00

在 ABC 分类的基础上，制定相应的采购控制策略：对占总品类比重低、占资金比例大的 A 类物料，要时刻关注物料的消耗状况，小批量多批次地实施采购，在保证安全库存的前提下，尽可能减少该类物料的库存量以减少对资金不必要的占用。对占总品类比重和占资金比例都

处于中等水平的 B 类物料，相较于 A 类物料的采购可以相对放松，对物料只需进行定期盘点，并按照物料大类划分确定采购数量、按大类开展采购。对占总品类比重高、占资金比例小的 C 类物料，管理可以相对粗略，盘点周期可以相对较长，实施集中大批量的采购，以实现较低的采购价格、较少的盘点和订货次数为目标。

（2）根据物料需求的波动程度进行 XYZ 分类，并确定相应的采购控制策略。对于需求非常稳定且预测准确度较高的 X 类物料，可定期制订采购计划，按期实施采购。对于需求不太稳定但仍可被预测的 Y 类物料，以定期计划为主，对临时产生的物料需求另外实施采购。对于需求波动非常大且完全不可预测的 Z 类物料，只保留较少的库存量，按物料的实际需求制订和实施采购计划。

（3）根据 ABC-XYZ 的物料分类明细对采购方案进行整合，针对性制定综合的采购控制策略，实施精益化的采购控制（见表 7-2）。

表 7-2　ABC-XYZ 综合采购控制策略

采购控制策略	X 类	Y 类	Z 类
A 类	实时盘点 小批量多批次 定期计划	实时盘点 小批量多批次 定期+临时计划	实时盘点 小批量多批次 按需计划
B 类	短周期盘点 大类批量采购 定期计划	短周期盘点 大类批量采购 定期+临时计划	短周期盘点 大类批量采购 按需计划
C 类	长周期盘点 集中批量采购 定期计划	长周期盘点 集中批量采购 定期+临时计划	长周期盘点 集中批量采购 按需计划

对 AX 类物料，比如丝材，虽然其需求稳定可预测但占资金比重大，在定期制订该类物料采购计划时，要尽可能实现小批量多批次的采购，避免过高库存导致资金的占用，同时通过实施盘点来降低其缺货的风险。对于 AZ 类物料，其需求极其不稳定且占资金比重大，因此无法

定期制订精准的采购计划，更多地需要实时盘点并由物料需求驱动制订采购计划，同时还需要通过小批量多批次的采购降低库存资金的占用。对于 CX 类物料，该类物料需求稳定且占资金比重小，是采购控制中无须重点关注的物料，只需定期预测制订采购计划，间隔较长周期进行一次盘点，并集中进行批量化采购以实现成本最小化即可。对于 CZ 类物料，该类物料占资金比重小但需求波动非常大，留有较低安全库存的同时由需求驱动实施采购计划，无须实时盘点库存。

二、采购策略矩阵与 VMI 的结合模式

除物料在价值和需求稳定性上的特征差异外，根据物料供应属性的不同，可采用卡拉杰克矩阵分类法，按照物料的供应风险和对项目运作的重要程度将物料划分为战略型、瓶颈型、杠杆型和常规型。对供应风险高且项目重要程度高的战略型物料，企业要与少数关键的供应商建立长期的合作关系开展采购活动，以保证物料的稳定和准时供应。对供应风险高但对项目重要程度低的瓶颈型物料，企业要确定好备选供应商或是搜寻可替代物料，尽可能采用多源供应。对供应风险低但对项目重要程度高的杠杆型物料，企业的议价能力较强，可以对多供应商进行对比分析，尽可能降低采购成本。对供应风险低且对项目重要程度低的常规型物料，企业掌握有绝对的议价能力，并且可实施标准化和简便化的订货流程，无须重点关注，减少该类物料的综合成本消耗。

此外，供应商管理库存（Vendor Managed Inventory，简称 VMI）作为以 H 公司及其供应商以实现成本最小化为目标，根据事先的协定由供应商对库存进行统一管理和调度，并在实施过程中实时监督库存管理的情况并进行改进，进而使库存得到持续改进的库存管理模式。VMI 从根本上打破了传统独立管理库存的壁垒，体现了集成化的库存管理思想，使供应链库存的优化成为可能。

在卡拉杰克采购策略矩阵和 VMI 的基础上，提出将两种模式相结

合，根据卡拉杰克矩阵按供应属性分类确定的不同物料类型，设置不同的 VMI 的库存节点，开展针对性的供应商管理库存（见图 7.8）。

图 7.8　采购策略矩阵与 VMI 的结合模式

将采购策略矩阵与 VMI 结合得到四种物料类型，不同的类型在库存设立点和库存控制者方面有所不同（见表 7-3）。

表 7-3　采购策略矩阵与 VMI 结合的库存控制模式

	战略型物料	瓶颈型物料	杠杆型物料	常规型物料
VMI 类型	"H 公司主导—供应商辅助"型	"供应商主导—H 公司辅助"型	"供应商/物流公司主导"型	供应商主导型
库存设立点	H 公司仓库	H 公司仓库	中间节点/第三方物流公司仓库	供应商仓库
库存控制者	H 公司主要控制	供应商主要控制	供应商控制	供应商控制

（1）战略型物料。鉴于该物料的高风险和高重要程度的属性，H 公司需要实时掌握该类物料的状态，应将库存设立在企业总仓库或项目仓库内，由自己控制大部分的库存，只由供应商对小部分的库存进行管

理和调度（H公司主导—供应商辅助的VMI）。

（2）瓶颈型物料。该类物料对项目的重要程度高，需要保证能够即时调配到的项目现场，因此库存需要设立在企业仓库内，但由于其供应风险较低，可以由供应商根据计划管理和调度大部分的库存（供应商主导—H公司辅助的VMI）。

（3）杠杆型物料。该类物料供应风险高，往往需要有多家供应商供货，管理难度大，但其对项目的重要程度低，企业无须对物料实时控制，因此可以将库存设立在供应商和H公司之间的仓库内，或交由第三方物流公司仓库，再由各供应商向该仓库配货（供应商/第三方物流公司主导的VMI）。

（4）常规型物料。可将库存设立在供应商仓库内，由供应商完全管理库存，按计划向H公司总仓库和项目仓库调配物料（供应商主导的VMI）。

三、JMI采购模式

（一）JMI采购模式实施框架

联合库存管理（Jointly Managed Inventory，简称JMI）是基于供应链集成思想的又一现代化库存管理模式，与供应商管理库存（VMI）不同，JMI强调和要求项目驱动型供应链中的各供应商、H公司、各项目组、项目客户等各主体都共同同时参与库存管理，基于JMI采购平台，由各方共同开展库存计划、制订和实施采购方案，推进供应链上采购活动的顺利进行，进而形成JMI采购（见图7.9）。在JMI采购中，H公司要充分关注外部环境因素的影响，多方协调自身、各供应商、项目组和项目客户之间的关系，综合考虑供应商、企业、项目组和客户等多级节点的物料需求种类和数量、多级节点的供应能力，引导供应商、项目组和客户共同开展库存预测、采购计划制订和实施、库存管理。

图 7.9 JMI 采购

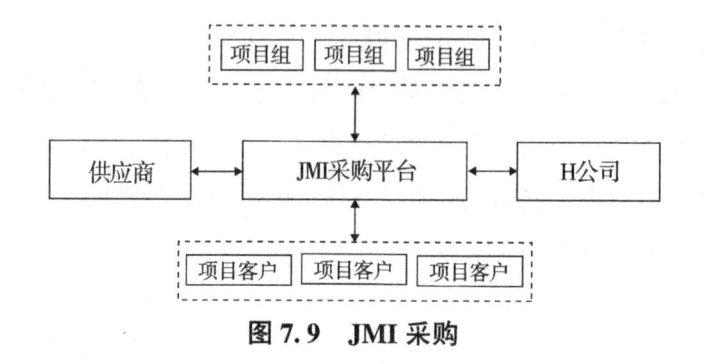

(二) JMI 采购模式需要的条件

1. 良好的合作伙伴关系

实施 JMI 采购需要 H 公司和供应商共同协调、沟通和开展库存管理及采购活动，因此要求 H 公司与供应商之间建立良好的合作伙伴关系。一方面，H 公司在供应商选择的过程中，应该建立起全面的供应商评价和筛选体系，保证共同开展 JMI 采购的是信誉良好、具备库存管理经验丰富、信誉好、资质好的供应商来建立合作伙伴关系。另一方面，JMI 采购的实施是一个持续的过程，H 公司与各供应商之间的协作能力直接决定了 JMI 采购的持续推动力，多方之间的协作能力需要在长期合作、多次沟通的过程中形成，通过这种良好关系建立充分的信任和了解，保障 H 公司供应链上各节点协调管理的顺利开展。

2. 必要的信息技术和系统支持

信息的即时性和有效性是 JMI 采购成功实施的关键。在实施 JMI 之前，要建立起与 H 公司、供应商和项目组相配套的、统一的信息系统和采购平台，建立起畅通的信息沟通桥梁和联系纽带，以先进的、成熟的信息技术建设和维持信息系统和采购平台的平稳运行。在实施 JMI 的过程中，企业、各供应商和各项目组应成立专门信息协调部门，负责系统和 JMI 采购平台信息的收集、整理、分析和更新等任务，及时、准确、真实地反应 JMI 采购信息。此外，在一阶段的 JMI 采购实施后，企业、供应商和项目组应利用系统和平台数据对 JMI 采购的实施情况进行总结、反馈和改进，提高 JMI 采购效率，减少采购过程中不必要的浪费。

3. 合理的协调管理机制

为实施 JMI 采购，H 公司供应链各方应建立起合理的供应链协调管理机制，保证 JMI 实施过程中库存及采购计划的制订和实施的有效协调。一是要建立共同的 JMI 采购合作目标。H 公司、供应商和项目客户在互惠互利的原则上，明确"采购物流成本最小化、项目效率和质量最优化"的整体目标，并在此基础上分解成为阶段性目标、各企业主体目标、各部门目标等。二是要制定联合控制机制，明确各主体权责。JMI 采购应由各方共同讨论确定具体的库存和采购控制策略，包括需求预测的方式、采购物料在供应商之间的分配比例和调整机制、各节点库存的最大库存量/最低库存水平/安全库存等，并在此基础上确定各供应商和项目组对库存和采购所具备的管理权限和应承担的职责。三是要建立激励机制。推进 JMI 采购的长期实施和优化运行，一方面需要建立公平的利益分配制度，对积极参与和配合协调库存和采购管理的各供应商和项目组实施激励，如对供应商予以采购让利或提高采购物料的比率、对项目组实施绩效奖励等；另一方面要建立配套的惩罚机制，对拒不配合或破坏 JMI 采购实施的供应商和项目组进行惩罚，如扣除工资、采购配额、项目经费、绩效奖励等，从根本上防止机会主义行为的产生，提高供应商和项目组开展 JMI 采购的积极性、JMI 采购实施的有效性。

4. 有效的信息追踪和传递

JMI 采购实施中联合开展采购计划的制订和实施需要有精细和准确的信息支持，因此，在各信息系统和采购平台的基础上，还要建立有效的信息追踪和传递方式对物料实施全流程追踪。首先，要采用标准化的格式根据物料分类（如喷涂私彩类、胶水类、耐磨保温类等）和物料属性（如名称、规格、型号、单位、供应源等）逐层依次对物料进行编码，同时还应对供应商、项目、供应商仓库、中心仓、制造仓、托盘、货架、库位、装卸设备和运输配送车辆进行编码，保证物料流通过程中在供应商、H 公司、项目组等各主体内部系统，以及 JMI 采购平台上信息的一致性，确保编码在全链流通过程中的唯一性和双向对应性。其次，要将物料编码的码段生成条码或电子 RFID 标签，嵌至于各物料的外包装上，在实施出入库和运输调度的过程中利用 POS、自动识别技术、感知技术等将物料专属编码分别与仓库、托盘、货架、库位、装卸设备和运送车辆等进行绑定和解绑，同时安装 GPS 定位器，并运用地理信息系统（GIS）技术实时跟踪，在系统和平台中编写生成物料的位置情况。最后，要打通各系统和 JMI 采购平台之间连接和信息传输的端口，定期自动对信息进行动态更新，保证物料信息同一时点在各系统和 JMI 采购平台上的完整性和一致性，以及物料的实时追踪和可溯源性，实现供应商、H 公司和项目组对库存采购计划的制订和实施、物料的调度信息在各主体之间的及时传递、交流和反馈，进而推进 JMI 采购的有效开展。

5. 恰当的库存节点设置

JMI 采购要求 H 公司、供应商、项目组及项目客户都共同参与到库存和采购计划的制订实施中，其中不仅涉及库存和采购信息的管理，而且更重要的是对采购物料实体的管理。由于参与 JMI 采购的主体数量多，在库存节点设置的选择上，除确定仓库的地理位置和空间布局外，还要综合考虑项目需求物料属性、供应位置、各主体的库存管理能力等多种因素，从新建仓库、租用仓库、整合利用原有仓库等进行仓库建设方式的选择，从物料存储在供应商仓库处、H 公司总仓库处、项目场地仓库处、第三方物流公司仓库处等进行存储模式的选择。

四、基于采购平台的 CPFR 供应链协同采购模式

经改进后的 VMI 和 JMI 采购模式虽然可以涵盖 H 公司大部分物料类型，解决多项目、多周期、多品类等物料采购管理问题，但对于作为项目运行的主要材料且整体需求量较大的重点物料（如丝材原料等），仍需要进一步优化采购模式，加强采购控制和管理，更大限度地降低采购成本、保证供应以提高项目交付效率和质量。对此类物料，可以采用

协同计划、预测和补货（Collaborative Planning Forecasting and Replenishment，简称 CPFR）的供应链协同采购模式，即由 H 公司和供应商基于采购平台共同做出需求计划、库存预测、采购订单预测，并在此基础上开展连续性补货，以保证项目组和项目客户的物料需求能够及时准确得到满足，CPFR 供应链协同采购流程如图 7.10 所示。

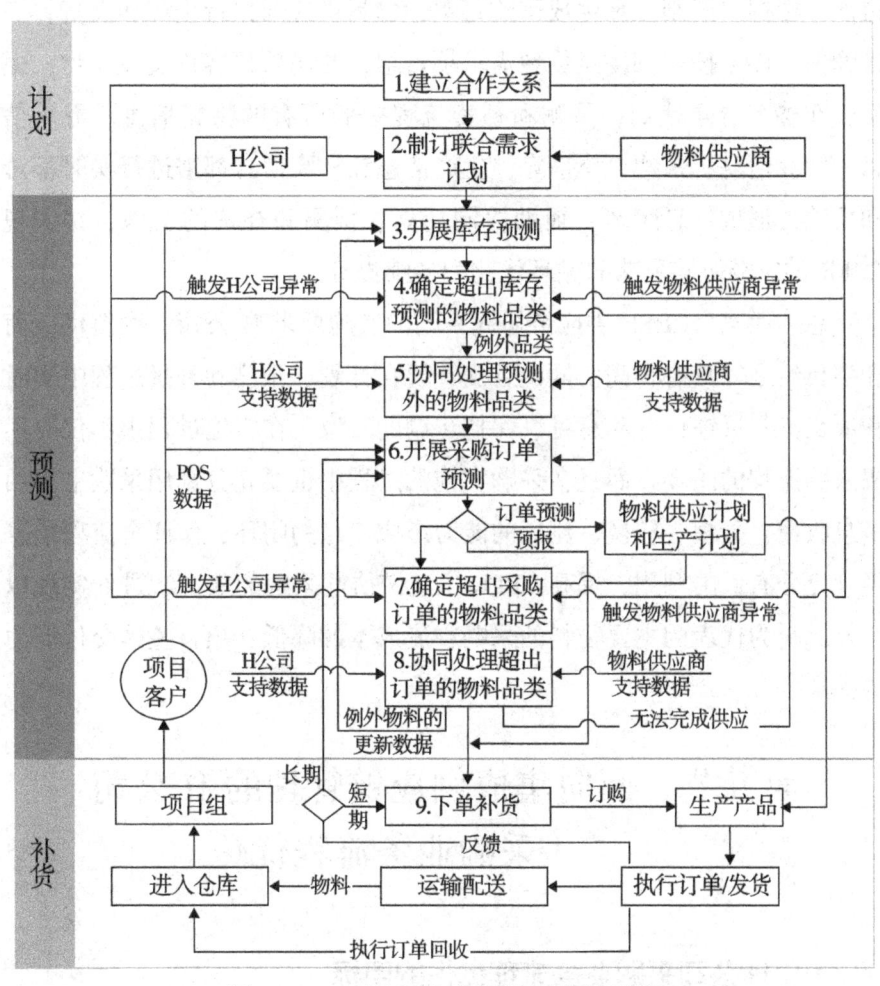

图 7.10　CPFR 供应链协同采购流程

首先，需要由 H 公司分析物料特征和需求属性，并在供应商管理库中评估选取物料供应商，与该供应商建立长期合作关系，共同制订物料的需求计划；其次，H公司和物料供应商根据历史和当前的物料需求数据、库存情况、生产供应能力、物流能力等，开展库存预测和采购订单预测，并生成物料生产和供应计划，在该过程中对出现超出预测外的物料品类，由H公司和物料供应商实时收集例外品类的信息，协同处理库存和采购订单计划，并对物料的供应和生产计划进行相应的调整；再次，根据协同制订和生成采购订单，物料供应商执行生产和发货，安排物料入库，按需调度至物料需求项目组，并向项目客户实施交付；最后，在整个协同计划、预测和补货流程中的所有的物料信息、需求信息、库存信息、采购订单信息、生产信息和物流信息都需进行实时汇总和反馈，形成信息闭环，辅助协同计划、预测和补货的实施，并实现CPFR供应链协同采购的循环优化和持续提升。

总体而言，CPFR供应链协同采购的实施要求H公司、物料供应商和项目组之间具有较高协同配合度，要在计划、预测和补货过程中实时开展交流、反馈信息和意见，保持步调的一致，在实施过程中不仅要形成采购流程的闭环，而且在采购实施的过程中也要充分利用采购平台的信息收集、处理、转换、流通的能力形成信息的闭环，保证全流程信息得到充分有效的利用，提高CPFR供应链协同采购的效率，进而实现以丝材原料为代表的主要物料的采购物流成本的降低、项目整体交付能力的提高。

第五节 面向集成供应链管理的H公司采购业务流程优化

一、H公司采购业务流程优化的目标

H公司采购业务流程优化的目标是通过调整采购机构设置，规范采购审批流程，制订绩效考核方案，进一步提高采购效率，完善规范现有的采购审批流程，激发员工工作积极性和责任感，以达到降本增效、用

最低成本提供高品质物资、保证生产需要的最终目的。

二、H公司采购业务流程优化的原则

在H公司采购业务流程优化过程中，应遵循以下基本原则。

（1）目标一致原则。H公司全体部门的目标都是为了满足客户需要，保证订单按时交付，在最低成本付出的情况下获得最可观收益，这是所有部门一致的目标。

（2）降本增效原则。所有的H公司组织架构调整及流程变革都应围绕发现现有活动中非必要或非增值环节，规范现有的活动，以实现降低成本，提高效率。

（3）并行联动原则。在H公司采购流程执行过程中，应尽量缩短业务处理时间，对能够平行开展的工作尽可能安排平行开展，这样可以缩短流程各个节点之间的等待时间。让流程后续过程中的有关人员参与前段过程；如果没有必要参与，也将前端信息及时传递给后续过程的参与者。消除信息孤岛，从而使节点之间进行良好的对接和联动。

（4）循序渐进原则。H公司采购业务流程优化是一个渐进式的过程，不可能一步到位。现有组织架构及采购业务流程优化需要持续跟进，通过循环往复的持续改善，达到最终理想的状态。

（5）流程顺畅原则。H公司所有的组织架构调整及采购流程变革都应该以流程顺畅为基本导向，要改变原来的职能管理为导向的做法，要根据流程的要求设置相应职能岗位，而不是根据现有的职能岗位设计流程，实现从面向"职能"管理到面向"流程"管理的转变，提高业务流程的运转效率。

（6）技术支持原则。H公司采购业务流程优化过程应该尽可能地与信息技术应用相结合，即利用信息技术的手段规范管理体系，固化业务流程，并提高信息交互速度和质量。

三、H公司采购业务流程优化的方法

在流程优化方法中选择系统改造法，在识别并分析H公司现有流程的前提下，运用相关系统方法，参考相关影响及制约因素，构建出所需的新流程。其主要内容包括清楚、简化、整合和自动化四项工作。系统改造法相比其他流程改造方法来说，速度较快，而且比较节省费用，具有一定的成效，而且风险较低。结合公司实际情况，以及对流程再造的实施风险的考虑，在改造方法上 H 公司选择系统改造法对采购业务流程实施再造。

四、H 公司采购业务流程优化的体现

（一）组织架构调整

组织架构的调整对于企业不是必需的，但根据 H 公司的实际情况，采购中心负责业务涉及全公司范围，其工作职责要求其拥有更大的自主权。由附录 A 知，采购中心负责整个公司所有物品采购，但采购中心在 H 公司组织架构中是下设在工程技术子公司的，采购中心在 H 公司组织架构中的位置和要承担的任务是不匹配的。组织架构调整可以简化采购中心流程审批跨越的层级，更利于各部门之间的沟通和协调，有助于采购事宜的顺利进行。基于此分析，H 公司将原来处于二级地位的采购中心升级为公司的一级部门，与战略投资部、财务部、人力资源部等处于同等地位。将采购中心划分至总经理直接管理，可以使采购工作按时向公司高层汇报工作动态，满足了采购及时性要求。同时根据采购中心内部业务分工，又将采购中心分为计划管控科、采购科、仓管科三个科室，分别负责不同的事宜，具体见附录 A。

（二）规范采购审批流程

在对采购中心各项工作进行梳理后，H 公司可将物资分门别类，对不同采购物资实行不同的采购流程。尤其常规物资必须加强计划性，并将采购流程进行规范。对不同的采购物资规定不同的采购申请时间，确定不同物料采购流程涉及的审批部门等。在此基础上规范采购信息管理，规定常规物资各部门需要在每月五号前提交采购申请计划，由采购中心统一集成汇总各部门采购信息进行集中采购，并且采购中心对采购

金额在 2000 元以下的物资具有事先审批权，保证紧急物资采购流程的高效便捷性。具体体现在采购流程上，具体包括常规物资采购流程和紧急物资采购流程，具体流程图见附录一。

将审批流程分为常规采购和紧急采购后，使得采购流程更加符合实际需要、更加透明化，从根本上杜绝了可能出现的不规范采购行为，提高了公司对物资采购的便利化和人性化管理效果。

第六节 面向集成供应链管理的 H 公司采购管控系统开发

一、H 公司采购管控系统核心功能

在数字化背景下，企业对信息系统的需求越来越急迫。对于 H 公司来说，从其采购作业流程中可以看出，采购物流过程中包含大量的信息处理，如需求信息、订单信息、库存信息、合同信息、物流信息等。各类信息准确传输与处理直接影响采购管控的效率和效果，所以必须有一套行之有效的采购管控系统，以信息流引导推动采购物流的优化。这对提高采购效率、降低采购成本、减少采购过程中人工出错、实现采购流程优化、提高 H 公司形象等都有十分重要的意义。根据企业采购业务流程，采购管控系统具备的主要功能有以下几方面。

（1）任务采购计划的维护和审核。这里把由生产管理模块对生产计划进行 MRP 分解后得到的采购计划称为"任务采购计划"。生产计划经 MRP 分解后，生成的物料采购需求计划直接提交到采购管理模块。采购计划维护员在采购管理模块中完成对这些计划的维护：更换供应商、更改采购数量、变换采购日期和到货日期等；同时要实现对采购计划的审核、维护功能。

（2）其他采购计划的维护和审核。把任务采购计划以外的采购计划统称为"其他采购计划"，包括专项物资、月度物资及各类办公用品

采购等。这些计划的维护和审核根据申请部门、采购限额、库存信息来进行。其他采购计划审核通过时关联出质检计划。

（3）供应商管理。对供应商信息进行管理是采购管理模块要实现的功能之一。这里包括对供应商基本信息的录入、修改，以及对其供货质量、产品质量、交货期的分析和查询。

（4）价格管理。价格管理是采购管理的重要一环。及时获得合理的价格信息，才能更好地完成采购业务。系统应该支持物料的多价格维护，可以对同一个供应商的某种物料设置多个价格。比如可以设置一个基准价格，以便维护采购计划时用；设置最低价、最高价及平均价，以便审核采购计划时用；设置实际采购价格，以便入库时成本核算和财务付款用。而这些信息来源于市场，需要采购人员及时获取供应商最新报价并将其录入系统。

（5）到货检验入库。检验入库是采购流程的一部分，但出于功能相似性考虑，把采购入库功能放在库存管理中实现。

（6）采购信息查询功能。方便对采购信息，比如计划信息、到货信息、入库信息等进行查询，以便各部门实时了解采购情况，是系统实施前后的重大区别。这一功能在综合信息查询模块中实现。

信息系统的全面使用，在一定程度上避免了采购的盲目性，做到采购计划制订有依据；将采购人员从繁杂的文档中解脱出来，极大地提高了采购效率，缩短了采购周期；实现了对采购订单状态的实时查询与跟踪。

二、H公司采购管控系统模块设计

H采购管控系统由物资申请、库存管理、采购计划、订单管理、合同管理及采购追踪等六大模块构成。

（1）物资申请模块：由物资需求、申领计划、物资申领审批和物资申请反馈四个流程界面构成。

（2）库存管理模块：由库存查询、库存报告、库存计划、计划提交、计划审批和计划发布六个流程界面构成。

（3）采购计划模块：由采购计划编制、采购计划提交和采购计划发布三个流程界面构成。

（4）订单管理模块：由采购订单、订单提交、订单变更、订单审批和订单发布五个流程界面构成。

（5）合同管理模块：由供应商管理、合同拟定、合同审批、合同签订和合同发布五个流程界面构成。

（6）采购追踪模块：由物资追踪、质检报告、入库管理、配料管理和财务结算五个流程界面构成。

三、H 公司采购管控系统界面设计

根据六大模块并结合 H 公司采购物流业务流程，共有 28 个流程界面，主界面如图 7.11 所示。

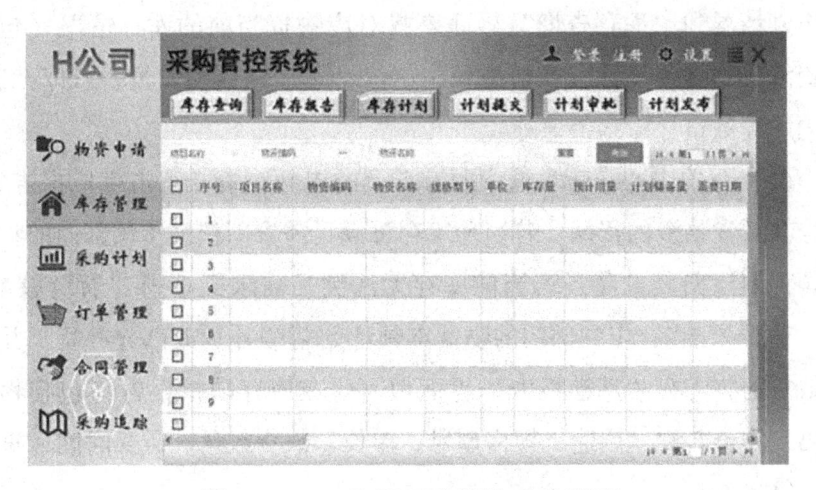

图 7.11　H 公司采购管控系统界面

四、H 公司采购管控系统各模块操作流程

（一）物资申请模块对应的操作流程

（1）智造公司、工程公司、声学公司、其他子公司等相关物资申

领部门按周统计需求情况，进入物资申请模块，在"物资需求"界面中填写每周的物资需求（包括需求部门、需求所属项目、物资编码、物资名称、规格型号、单位、数量、质量、需求时间、需求地点等）。

（2）各申领部门根据物资需求到"申领计划"界面填制详细的物资申领计划（包括项目名称、申请时间、申请单编号、物资编码、物资名称、用途、规格型号、单位、申领数量、需要时间、领料人、核准人、审批人）。

（3）各申领部门点击生成物资申领审批表报送采购中心仓管科。

（4）由采购中心仓管科在"物资申领审批"界面进行核查审批，各申请部门可在"物资申请反馈"界面查看申请批示的情况，该项流程于每周一上午9点前完成。

（二）库存管理模块对应的操作流程

（1）由采购中心仓管科对各部门物资申领计划进行汇总，根据物资申领情况到"库存查询"界面查找对应物资当前的库存情况（包括物资编码、物资名称、规格型号、单位、库存数量和质量、入库批次、在途库存数量、库存价值等）。

（2）采购中心仓管科选中所有涉及的申领物资，点击生成报告后，作为其派发物资的依据，若当前库存可满足需求则核准申领部门的物资申领计划后向其补货；若当前库存无法满足需求则选择"暂缓核准"或"部分核准"，申领部门的物资申领计划暂缓补货或部分补货，并根据缺货的物资在"库存报告"界面填写生成库存缺口报告（包括物资编码、物资名称、用途、规格型号、单位、缺货数量、需要时间、报告人、复核人）。

（3）采购中心计划管控科进入"库存计划"界面编制详细的月度库存计划表（包括项目名称、物资编码、物资名称、规格型号、单位、库存量、预计用量、计划储备量、需要日期、计划员、复核人等）。

（4）采购中心计划管控科到"计划提交"界面，选择月度库存计划表进行提交，由计划管控科负责人审批，"计划审批"界面可查看实施审批情况。

（5）经审批后的月度库存计划由计划管控科负责人发布到"计划发布"界面，可供查询当前和往期发布的月度库存计划。

（三）采购计划模块的操作流程

（1）采购中心计划管控科在查看仓管科提交的库存缺口报告的同时，根据经审批的月度库存计划在"采购计划编制"界面填写采购计划表（包括物资编码、物资名称、使用部门、规格型号、单位、单价、数量、预算金额、采购周期、采购方式、订货时间和到货时间等）。

（2）采购中心计划管控科在"采购计划提交"界面选中需提交发布的采购计划表，点击提交发布。

（3）"采购计划发布"界面可供查看当前和往期发布的所有采购计划表。

（四）订单管理模块的操作流程

（1）采购中心采购科在"采购订单"界面选择需转换为采购订单的采购计划表，点击生成采购订单（包括物资编码、物资名称、使用部门、规格型号、单位、单价、数量、预算金额、采购周期、采购方式、订货时间、到货时间和计划员等）。

（2）采购中心采购科在"订单提交"界面选中需审批的所有采购订单后，选择审批人点击提交审批。

（3）如遇订单需要变更的情况，由采购中心采购科在"订单变更"界面填写采购订单变更表后提交审批（包括公司名称、制表时间、变更部门、变更日期、变更原因、原物资和变更后物资对比情况等）。

（4）采购中心经理、财务总监和董事长对提交的采购订单进行审批，"订单审批"界面可实时查看审批的进度情况，若审批显示"未通过"，则由采购中心计划管控科重新编制采购计划表，生成采购订单后重新提交审批。

（5）经所有审批通过后的采购订单（包含变更订单）在"订单发布"界面统一发布，并可查看当前和往期所有发布的采购订单。

（五）合同管理模块的操作流程

（1）采购中心采购科根据采购订单可在"供应商管理"界面中查找所有合作供应商和潜在供应商的目录及其供应情况，综合评价供应商的情况，选中合适的供应商。

（2）采购中心采购科根据订单和供应商情况在"合同拟定"界面编制并生成采购合同。

（3）采购中心采购科将拟定的合同选中提交审批，在"合同审批"界面经由财务审批和法务监审，可以实时查看审批进度情况。

（4）经审批的合同可汇总到"合同签订"界面，由合同双方签订，实时查看签订情况。

（5）所有签订的合同在"合同发布"界面留存合同档案以供查验。

（六）采购追踪模块的操作流程

（1）所有签订后实施采购合同相关物资的到货情况可在"物资追踪"界面查询。

（2）所有到货的物资交由质检部门检验后在"质检报告"界面填写质量检验情况报告，符合质检要求的物资选择"通过"安排入库，不符合质检要求的物资选择"未通过"进行退换货。

（3）入库物资由采购中心仓管科安排入库的同时，在"入库管理"界面填制生成入库情况表，可与"库存管理"模块"库存查询"界面中的库存信息进行实时汇总更新。

（4）采购中心仓管科根据物资申领部门的申领需求通知其领料，并在"配料管理"中填写配料信息。

（5）所有已经入库的物料信息汇总到"财务结算"界面，由财务部审核后结算费用。

第七节　面向集成供应链管理的 H 公司供应商管理体系构建

一、建立规范的供应商开发流程

为建立规范的供应商开发流程，H 公司首先明确自身的物资需求；然后制订开发计划；之后对供应商开展调查，通过多种渠道如产品发布会、网络信息等确定每类物资的供应商数量，了解供应商基本信息、产品信息、技术设备水平、人员和财务信息等，填写《供应商调查表》。除此之外，H 公司进行了实地调查，实行 3A 现场管理原则，实际走到现场（The Actual Spot），检查实际产品（The Actual Part），观察实际情况（The Actual Situation），深入了解供应商的生产线实际情况，对现场状况进行观察和分析，并发现问题；最后结合供应商自我评估和企业对供应商的开发评估确定是否引进该供应商。

二、加强供应商的审核与初评

加强供应商的审核与初评选择是 H 公司采购管理的一项重要工作，通常情况下基本准入条件包括：遵守国家相关法律、法规，在经营活动中没有违法记录；具有健全的组织机构和完善的管理制度；具有独立承担民事责任的能力；具备履行合同所必需的技术力量、设备、设施条件和经济实力，并具有一定的批生产能力；建立完善的质量管理体系并有效运行，具有相应的环境和安全生产条件；具有良好的商业信誉和健全的财务会计制度。

针对不同类别供应商，确定适用的审核依据标准。根据供应商提供产品的类别、采购产品对最终产品质量或使用的影响程度，以及企业接收检验的能力，将供应商进行分类，确定审核依据标准和范围。

采购中心应将经审查、评价合格的供应商录入的合格供应商目录。

合格供应商目录由采购中心编制、批准、发布。采购中心应严格在合格供应商目录范围内采购，超目录范围选用必须办理审批手续。

对供应商的初评可以包括证书评价、现场评价、对比评价、产品试用等多种方式。①证书评价：提供ISO9001标准质量体系认证证书，满足合格供应商标准的企业可确定为合格供应商。②现场评价：首次采购的产品，需经评价小组成员按供应商质量保证能力内容进行调查，收集有关资信和能力方面资料，形成调查报告，得出评价结论，经采购中心领导审批后报公司主管副总经理批准。③对比评价：对与公司有正常供货关系的供应商采取对比历次供货质量记录的方式进行评价选择。对供应商选择此方式评价时，需邀请公司有关部门和单位参加。④产品试用：采购员在接到经需求单位主管领导签字并加盖单位公章的新产品使用计划后，报上级审批后方可采购试用，试用期3~12个月，试用期满后使用单位未提出异议，在性价比上具有比较优势，方可进行选用为正式供应商。

综上，H公司需对供应商建立一定的准入规范制度并实施动态有效的管理。只有建立起高效、完善的供应商管理体系，才能保证采购物资的正常供应，从而有效地保证生产所需，促进企业经济效益的全面提高。

三、建立科学合理的供应商绩效评估体系

为保证供应链正常运行，必须做好供应商的评估，进而从中选择出最合适的供应商，但是评估和选择的过程还有很多需要继续研究的空间。若想更加客观合理地评价和选择供应商，制定量化的评价指标是十分必要的。对于H公司来说，供应商相关绩效指标体系应该包括交货及时率、物料品质合格率、物料价格、供应商出现事故的次数及供应商服务水平等主要方面的考核，根据以上分析，制定H公司供应商绩效评价指标体系及相应权重（见表7-4）。

第七章 面向集成供应链的 H 公司精益采购体系构建方案

表 7-4 供应商评价指标表

指标序号	指标名称	权重（%）	评分（百分制）
1	交货及时率	30	
2	物料品质合格率	20	
3	物料采购价格	20	
4	质量事故率	20	
5	服务态度与水平	10	

在上述综合评分的基础上，H 公司根据得分范围将供应商分为五等级，分别是 AA、A、B、C、D 等级，等级越高说明供应商各方面更加适应企业发展需要，可以从等级高的供应商中挑选长期战略合作伙伴（见表 7-5）。

表 7-5 供应商等级划分表

供应商等级	综合得分	评价
AA	[90, 100]	长期战略合作伙伴
A	[80, 89]	优质供应商，中长期合作
B	[70, 79]	一般供应商
C	[60, 69]	重点关注供应商，短期合作，有一定风险
D	[0, 59]	不合格供应商，考虑终止合作

以上评估程序 H 公司要每年进行一次，根据供应商上一年在上述指标的表现，采购中心组织专门供应商评估小组进行综合指标打分，以综合得分来确定供应商等级，通过等级来合理控制供应商数量，并对供应商进行维护评价，不断改进供应商供应能力，使之更加匹配企业采购链的需求。与企业合作的供应商数量不是多多益善，最理想的状态是将同一种原材料或产品的供应商数量控制在 2~3 家，并根据供应能力等将其重要程度进行划分。对等级不合格的供应商考虑使其退出供应商名单，以此来降低供应商管理的费用，同时提升管理效率。将采购供应链

— 101 —

维持在一个相对稳定的环境中，有利于与优质供应商达成长期战略伙伴关系，为建立合作共赢的供应链生态体系打下良好的基础。

四、对供应商进行针对性的分类管理

H公司的原材料、成品供应商及零部件供应商有200余家，供应商管理对企业的发展起着至关重要的作用。可以将与采购物品对应的供应商划分在四个象限内（见图7.12），每一个象限代表了适合于不同特征、供应策略和供应商关系类型的采购项目。因此，对不同象限内的采购项目进行供应商评价时需要研究的问题也不相同。

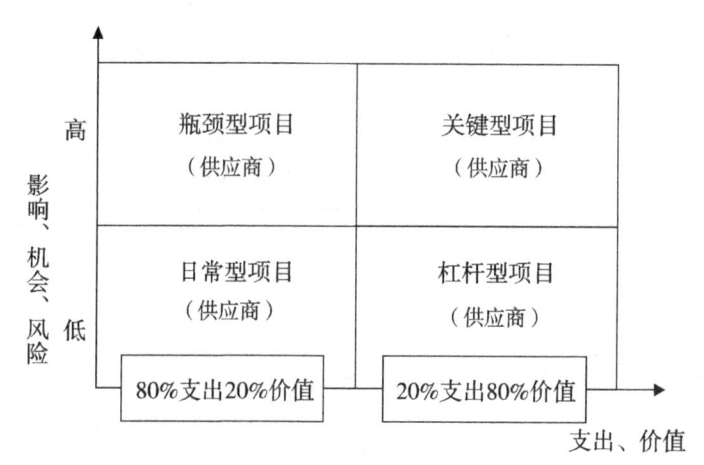

图7.12 H公司供应商分类矩阵

（一）日常型采购物资供应商

日常型采购物资的特征是影响、机会、风险（Influence Opportunity Risk，简称IOR）级别都很低。这类产品主要包括劳保用品、办公用品、日常工具、保洁服务等，其拥有大量的供应商，并且其费用支出相对很低。因此，这类采购物资的供应商评价重点是：判断哪个潜在供应商能够帮助企业将管理费用降至最低。一般通过价格和标准化这两个指标对供应商进行评价。

对这类物资采购的基本方针是，尽量利用信息技术等手段简化管理

程序，提高业务效率。在 H 公司的整体运作安排上，应致力于标准化，以减少物资的种类，花费尽可能少的时间；实行经济批量的订购，从而使管理成本最小化。尽量选择距离 H 公司较近的本地供应商，如果本地没有该类物资的供应商，则应尽快扶持并培育出这样的供应商，采用业务外包形式，实施 JIT 采购方式，让供应商根据生产需要为企业提供产品和服务。

这类物资的供应商管理要充分利用市场竞争机制，加大市场分析和协调力度，形成市场、价格和产品等信息的透明机制，培育最具竞争力的供应商，使集中采购和竞争采购有机结合，在稳定质量和供应的条件下，有效降低成本。积极支持现有配套仓储资源部分转变为通用工业物资超市，鼓励供应商实行寄售模式。另外，H 公司还可以与供应商进行多种方式的合作，如采购外包、电子付款转账、供应商管理的存货系统等；借助电子化采购降低总体采购成本并获得管理模式的巨大突破，重要的目的是节省对这些物资的采购、送货、存储、支付等方面人为消耗的时间。

（二）杠杆型采购物资供应商

杠杆型采购物资的特征是 IOR 级别低，但支出水平较高。这类采购物资有很多供货商，但其年支出水平较高。因此，降低采购价格和其交货成本是 H 公司采购员的主要目的。

这种物资的基本采购方针应该是致力于采购总成本和库存成本的最小化。为此，要建立采购优势地位，在采购价格上下功夫，比如通过有竞争力的采购活动来降低此类大规模采购的物资或服务的总成本，为 H 公司利润做出更大的贡献。这类物资采购的关键是报价分析，报价中包含有大量的信息，如果可能的话，要求供应商进行成本清单报价，要求其列出材料成本、人工、管理费用等，并将利润率明示。对小批量产品，要求其提供快速的反应能力；对流水线、连续生产的产品，核心是价格。

对于供应商管理来说，H 公司没有必要花费大量的时间和成本与供应商建立密切关系，保持一般的合作关系即可，并使其意识到竞争的存在，但一定要保证供应商有合理的利润空间。同时，与表现优秀的供应商达成战略联盟，促进供应商提出改进方案，以最大限度节约成本。理想的做法是与供应商签订短期合同，以便物资保障部能不断地寻求、更换、转向成本更低的供应资源。采购中心应实施一种积极的供应战略，在全球范围内寻找新的供应商或替代品。采购员应以需求为导向，通过降低此类大规模采购物资的成本，为H公司利润做贡献。

（三）瓶颈型采购物资供应商

瓶颈型物资的特征是IOR高但年支出水平低。这类采购物资一般专业性强，因此只有很少的供应商。一方面，这类采购物资的年支出水平很低；另一方面，其供应可能会给企业带来很大的风险，所以H公司无法对这类物资的采购施加影响和控制。

这类物资的采购方针是首先在保证供应的基础上，使管理成本最小化；其次在提高来源的可靠性上提高业务效率。所以H公司采购中心应特别强调与供应商保持良好的关系，保证一定的战略性存货，并编制建立预警系统的安全库存计划。

对于这种物资的供应商，H公司应根据情况采取灵活的策略，致力于建立稳定的合作关系、保持供应的连续性、稳定供货渠道等。在企业新产品的设计阶段，对于瓶颈型物资，应及早地让供应商、采购中心参与进来。对于供应物资有质量问题的供应商，要致力于帮他们改进；对于占优势地位的供应商，H公司应致力于建立稳定的合作关系。

（四）关键型采购物资供应商

关键型采购物资不仅IOR高，其年支出水平也很高。针对此类采购项目，H公司评价供应商的重点是在降低成本的同时确保供应的质量和连续性。因此，对这类供应商的管理是H公司在供应商管理方面的重点内容，双方需要形成双赢的战略合作关系。

H公司对这类关键型物资应采取的采购策略是在降低总成本的同时减少缺货风险，与关键供应商进行供应链整合以优化采购和库存管理，创造竞争优势，稳定供货源，与供应商实现货物的信息共享，目的是实行双赢，即通过致力于合作使供应商也得到应有的好处。唯有这样，才有可能保持长期、稳定的合作关系。

H公司对于战略型物资的供应商管理策略：首先致力于和适合的供应商建立一种长期的、战略的伙伴式关系。为保持紧密关系，应加强技术支持和共同负担研发经费，长期合作，共同努力以实现标准化和技术诀窍的转让，实现最优化的信息交流。其次要培育供应商的忠诚度，并发展长期战略合作伙伴关系，提高供货的可靠性，加强对供应商的优选和评价管理。

在全球一体化供应链管理环境中，H公司还应用供应链管理思想从以下方面加强对供应商的动态管理。建立信息交流、共享机制，进行协同作业。企业与供应商之间通过信息平台进行有关成本、作业计划、质量控制信息的交流与沟通，保持信息的一致性和准确性。在保密的前提下，与战略合作的供应商共享部分生产进度信息和库存信息，进行协同作业。对于关键零部件或成品的供应商，企业可以参股经营。以资产为纽带增强对供应商的控制，有助于更好地协同二者的关系，使供应商更加准确及时、优质优量地提供产品。

五、加强供应商监控及风险管控

(一) 加强供应商的监控措施

供应商提供给H公司的产品要在入库前加以检验或验证，合格的产品方可入库。发现批量（1日内或连续数日内）不合格，或履约出现问题，H公司的采购员在接到验收员的不合格采购物资报告及处置记录后，应及时通知该供应商，做退换或降价处理，并要求该供应商限期采取纠正措施；供应商年内第二次出现类似情况，采购员在接到验收员的不合格采购物资报告及处置记录后，应暂停向其订货，并不予结算，待其采取纠正措施有效后方可订货；供应商年内第三次出现类似情况，采购员在接到验收员的不合格采购物资报告及处置记录后，应立即停止向其订货，不予结算，并取消其供货资格。

（二）建立供应商风险管控

H公司需建立供应商档案，规范供应商开发选择与定期评估机制。对供应商的履约能力进行全面评价，从供应商资质（法人、专业技术、管理体系、财务资金状况、信誉）、采购过程、产品（质量、交付进度、价格、服务）等方面对供应商进行全面考核，分级管理，更新维护供应商目录，建立较为稳定的采购渠道；完善供应商信息管理平台；规范供应商评价信息的传递渠道及表单，确保双方信息对称完整，评价结果真实准确；当发生较为严重的供应商违规事件（如质量多次不合格、交期严重迟误等），及时淘汰不合格供应商；凡存在下列情形之一的应取消其供货资格：采购产品因质量问题而引发了重大生产、安全事故的；滞期交货给生产、工程造成重大影响的；产品性能及综合指标已落后于国内同行的；在市场竞争中失去质量、价格、服务优势的；向有关人员行贿或者提供其他不正当利益的；招投标过程中有围标、串标、恶意报价行为影响公平竞争的。

第八节　面向集成供应链管理的H公司采购业务岗位重构

基于现实的考虑，H公司采购中心下设三个科，新增计划管控科，现在的采购部门作为采购科，将中心仓库及二级仓库合并作为仓管科。计划管控科、采购科、仓管科（见图7.13），三个部门各司其职、密切配合。

（1）计划管控科负责常规采购计划的制订、审批；采购合同的归档管理及供应商开发及绩效考核等。

计划管控科设计划室和采购管控室。①计划室负责根据物资净需求编制日常采购计划并负责采购计划的审批，负责采购年度计划、月度计划、降本计划及采购预算的编制；②采购管控室负责采购成本的分析、供应商的开发和供应商绩效考核，并对采购合同的规范性进行管理。

（2）采购科负责采购计划的确认、采购订单的生成及审批流程、供应商的选择及关系维护、采购订单的执行和跟踪。

将公司所有采购订单的执行归口采购科管理，根据物料分类分为两个室，大宗材料采购室和市场零星采购室（以后根据业务规模，再进行循序渐进地优化调整）。

（3）仓管科负责采购需求的汇总、采购到货物资的入库、保管及需求单位的领料出库等。

仓管科设需求汇总室（库存预警）和出入库管理室。①需求汇总室负责汇总各需求部门递交的领料申请，负责在仓物资的维护管理、库存定期盘点及数据的维护等；②出入库管理室负责物资到货的收货、辅助检验或通知检验、物资出入库辅助服务等。

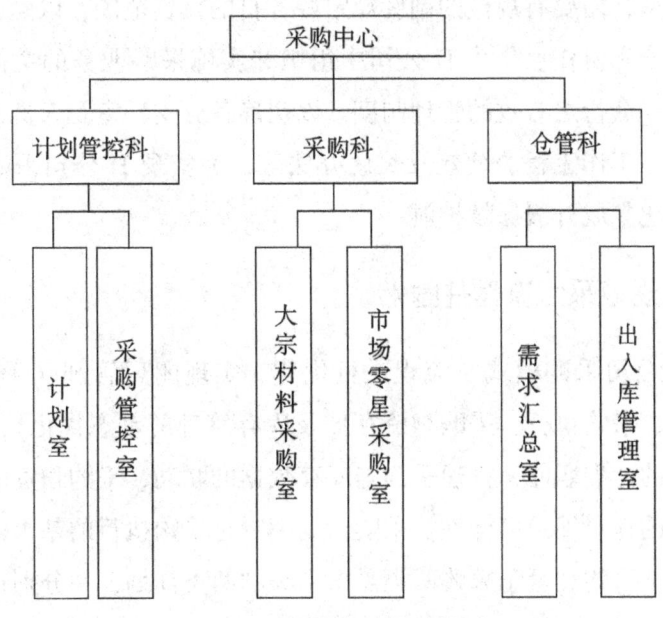

图 7.13 采购中心架构

第九节　面向集成供应链管理的 H 公司采购体系实施保障

一、建立行之有效的管理制度

采购活动是一项需要各个部门共同协作完成的工作，H 公司在打通内外部采购供应链的过程中，首先要有明确的、规范的管理制度，确保各部门积极支持和配合采购活动的开展，如：在采购流程优化上需要生产部门对采购申请时间规定的认同和执行，保证采购计划与生产计划衔接配套，发挥采购计划先导性作用，更好地服务于生产计划的稳定运行；在采购金额的规定上需要对接财务部门，为避免产生审批流程上的冲突和矛盾，需要有规范的制度规定好各自的权责范围，以确保部门间的有序配合和协作。作为 H 公司中组织和实施采购业务的主体，采购中心要有一套行之有效的管理制度，以明确各分支科室及人员的岗位和职责分工、工作流程、绩效及奖惩办法等，为实现 H 公司采购物流体系的一体化集成升级保驾护航。

二、规范采购流程并固化

对 H 公司采购模式及流程进行优化、实现闭环管理（采购需求、采购计划、采购执行、采购物资存储及库存管理的动态优化），主要是增加采购的计划职能、打通采购与库存数据的联动、采购物资的分类及采购方式的针对性及多样性。采购计划编制是采购执行的基本依据，可以按照正常采购和紧急采购两类需求来编制两类计划，并分别针对采购数量和到货时间等关键点进行精细化控制和调整，必要时可以与供应商进行多频次、小批量的供货合作模式，要避免计划过大、过粗造成的浪费资源，也要避免因计划不当而造成物料短缺。根据企业的主生产计划、库存资源及所需物料清单，综合采购周期、采购成本及安全库存等要求，决定采购计划批量，如存在市场变化及技术更改等情况要对采购计划进行及时有效的修改，并及时通知供应商，尽量减少因计划变化而导致的损失。

H公司的采购业务既有常规采购也有紧急采购，受到项目作业的影响，其采购物流活动牵涉的部门及供应商较多，要对目前H公司采购流程中冗繁的环节进行规范，并将其合理化，确定性作业流程进一步贯彻下去，这样有助于提高采购物流的专业化水平。首先，将采购流程体系文件发布并实施，并依据制度规定逐步实现采购物流流程的规范化；其次，要加强采购及相关人员的专业培训，让采购链有关部门及供应商都能尽快熟悉新的采购流程；最后，要结合优化后的流程逐步将采购管控系统开发并充分利用起来，这将有助于规范后的新流程被固化下来。另外，H公司可以进一步对变革后的采购全流程进行细化，编制《H公司采购管理体系标准》（详见附录一），更好地帮助各部门及供应商明确业务分工、采购流程及相关责权利，实现更好的配合协同。

三、制订科学的绩效考核办法

绩效考核是指通过明确绩效考核目标的单位或者方法，对承担企业经营过程及结果的各级管理人员，完成指定任务的工作业绩的价值创造的判断过程，包括对企业员工的品德、工作绩效、能力和态度进行综合的检查和评定，以此确定其工作业绩和潜力的管理方法。绩效考核指标应遵循同质性原则、关键特征原则、独立性原则；考核指标是具体的且可以衡量和测度的；考核指标是考核者与被考核者共同商量、沟通的结果；考核指标是基于工作而非工作者；考核指标不是一成不变的，它根据企业内外的情况而变动。

结合H公司项目驱动型的业务特性，除了对采购中心的绩效进行评价之外，还要对不同的项目及项目涉及的不同部门进行双重评价，这样的绩效考核更加具有合理性和科学性。H公司项目主要分为HCP喷熔焊项目、HVOF超音速火焰喷涂项目、噪音治理项目、建筑声学项目，可以按照项目将具体考核指标设定为财务指标、客户指标、内部流程指标、学习成长指标。在指标权重设计上，企业按照现实需要，设定为：财务指标占比50%，客户指标占比20%，内部流程指标占比15%，学习成长指标占比15%（见表7-6）。

表7-6 具体项目绩效评价指标体系

项目名称		HVOF超音速火焰喷涂项目								
一级指标		财务（50%）			客户（20%）		内部流程（15%）		学习成长（15%）	
二级指标		销售收入	利润总额	经济增加值	市场占有率	客户满意度	研发成效	生产进度	员工保留率	员工满意度	员工生产率
评价指标涉及的相关部门											
参与部门	市场部				✓	✓					
	投资部						✓	✓			
	人力资源部								✓	✓	
	财务部	✓	✓	✓							
	技术部						✓				
	采购中心						✓	✓			
	制造部							✓			✓

采购中心绩效评价指标具体可以结合采购计划、采购成本、采购时效性、员工管理及供应商管理方面进行综合评价（见表7-7）。

表7-7 采购中心绩效考核指标

序号	指标名称	权重（%）	评分（百分制）
1	采购计划完成率	20	
2	采购成本降低目标达成率	15	
3	采购及时率	20	

续表

序号	指标名称	权重（%）	评分（百分制）
4	采购质量合格率	20	
5	采购中心管理费用控制	10	
6	员工管理成效	10	
7	供应商管理成效	5	

绩效考核办法的落地还需要有一套完备的薪酬奖励办法，这对公司的薪酬待遇提出了新的要求。

四、全面使用管理信息系统

全面使用管理信息系统是H公司采购物流优化的重要保障。H公司通过采购管控系统的全面上线和使用，能够借助信息化手段将采购全过程流程固化下来，使日常业务流程（采购申报、采购计划及采购执行）电子化，从而实现采购业务流程的强制规范化、采购过程的显性化，让相关人员都可以看到，实现透明化；但在采购过程中的审批及其他关键环节也需要其他部门的配合和支持，管理信息系统的全面使用可以为采购业务过程决策提供便利和依据，当采购员能够掌握充分的信息，就更容易做出正确的决策；同时，借助企业全方位的信息系统，管理层可以直观地看到采购过程和采购的进展情况，更方便对业务绩效及风险的监管和监控。

同时，要配合H公司采购物流体系的全面集成管理，建立供应商管理信息系统，把外部的源头资源集中起来。H公司已经建立了供应商资料库，逐步健全对供应商管理的信息化水平，但与供应商之间的信息通道还需要开拓。未来，可以在现有采购管控系统中合同管理模块中的供应商管理子模块基础上增加与供应商互动访问的接口，通过内外部信息集成与对接实现组织内协同及组织外协同的数字化协同。

五、整合仓储资源并实行统一管理

为了保证采购体系优化的顺利实施，还需要将公司内部仓储资源整合起来，建议将原制造中心调度部下的二级仓库归口采购中心仓管科统一管理。在采购中心仓管科中设需求汇总室、出入库管理室，将仓储资源信息整合起来并建立库存数据的严格管理，设置严格的出入库流程及仓储保管制度，具体见附录A。

六、加强采购业务团队建设

采购业务流程优化的实施需要强有力的领导和较优秀的员工队伍，H公司急需引进专业化采购人员尤其采购计划人员，现有的采购员综合素质也有待进一步加强；H公司可根据部门情况与实际需求，在招聘外来员工及内部员工晋升上都规定相应的标准。比如，采购人员的表达能力、专业知识、价值分析能力、网络操作能力等；虚心耐心、临财不苟等品德标准。除此之外，H公司需定期对采购中心员工进行专业知识培训，应加强员工采购供应链相关技能的培养工作，提升员工成本分析能力、谈判议价能力、供应商管理能力等必要的采购技能，同时，注重对员工职业道德的教育，使采购中心人员的才能能够满足采购目标，培养采购中心人员能独立开展采购业务，发展一批具有职业操守和职业道德的高素质职业采购经理人。

H公司还可以构建更加扁平化的组织结构，打造高效的工作团队，选拔优秀的采购人员和采购主管。优秀的采购主管能够带领团队完成供应商的寻找、资料收集及开发、对新供应商品质体系状况的评估及认证、与供应商的比价、议价谈判、采购计划编制、部门员工的管理培训等工作，团队管理结构可以作为企业传统职能结构的补充，适合的团队管理结构有利于打破部门界限，促进员工之间的合作，提高采购决策的效率和工作绩效。

第八章 总结与展望

第一节 全书总结

随着客户定制化时代的到来,企业经营活动已由作业驱动转向了需求驱动,围绕客户需求满足的制造企业活动呈现出较强的项目驱动特性,因而也出现了越来越多的项目驱动型制造企业。项目驱动型企业因受到客户需求个性化及变动性的影响,具备项目的独特性及临时性特点,其采购管理存在小批量、多频次的分散特点,相对比较复杂,企业往往不能只面向企业内部进行传统的采购批量管理策略,必须从供应链协同的视角来综合考虑企业的整个生产运营活动及采购链进行综合决策。在数字化已成为社会经济发展大趋势的当下,将先进的管理技术和手段应用到企业采购链管理活动中,并进一步实现智能采购决策已成为大多数企业的努力方向。

本研究以集成供应链理论和精益采购理论为基本依据,围绕项目驱动型企业采购物流体系构建问题展开研究,主要对项目驱动型企业采购物流现状及典型问题进行了分析,在此基础上,提出面向集成供应链的项目驱动型企业精益采购物流 DPOST 循环圈,并进一步构建面向集成供应链的项目驱动型企业精益采购物流体系结构模型,进而提出面向集成供应链的项目驱动型企业精益采购物流体系构建策略,最终以 H 公司为研究对象,构建其面向集成供应链的项目驱动型企业精益采购物流体系,以期为项目驱动型企业乃至其他企业进行采购物流优化及实现集成供应链管理提供理论依据和参考价值。

第二节 研究展望

项目驱动型企业由于受项目众多利益相关者的影响，其采购物流决策要比一般企业采购物流更特殊、更复杂。由于本人研究水平有限，可能还存在一些不足及未来需持续关注的问题。

一、数字时代项目驱动型企业智慧采购物流体系构建

随着互联网的纵深发展，现代企业的采购业务也在不断升级优化，采购模式也经历了四个主要发展阶段，从最初的传统线下采购1.0模式过渡到线上采购2.0模式，并进一步实现了向电商化采购3.0模式的转移，未来，随着云技术、大数据等先进手段的广泛应用，智慧精准采购4.0模式将必然成为现代企业努力的方向。未来可以结合现代化信息技术及数字时代的特点，对项目驱动型企业进行分类别、分模块研究。

二、敏捷项目驱动型制造企业库存优化研究

项目驱动型制造企业供应链的源头是客户动态需求，所以其经营活动也具备了项目的特殊性，而在项目产品生产过程中"物料库存"已成为企业平衡"降低成本"和"提高服务水平"两大目标时的"难点和痛点"问题。敏捷项目驱动型制造企业是项目驱动型制造企业中非常有典型代表性的一类，比传统的项目驱动型制造企业更注重技术创新及对市场需求的敏捷响应，由于其项目"短平快"的特性，这类企业对交货时间的要求特别高，因而库存决策面临很大挑战。已有的库存控制及优化相关研究大多是个体企业面对较确定性的需求和较稳定的生产计划时做出的"个体决策"，而定制化时代的敏捷项目驱动型制造企业所在供应链比较复杂，库存决策影响因素比较多，可能会出现"个体决策失灵"，从"共生共赢"的"生态协同"视角抱团发展已成为越来越多企业认同的大方向，供应链多级成员库存协同优化的"群体决策"

将成为"解决库存难题"的可能选择。

三、精益项目驱动型制造企业供应链协同决策研究

在"以国内大循环为主体、国内国际双循环相互促进的发展新格局"的国家战略布局下,"供应链协同""供应链畅通""供应链创新与应用"已成为经济持续发展重要抓手。"去库存、降成本"一直是供应链管理及企业管理较难突破的瓶颈,未来可以针对精益项目驱动型制造企业供应链协同决策展开研究。

附录一

HD/CG

H公司采购管理体系标准

HD/CG2021-001

H公司采购管理体系标准纲要

版本	换版/修订记录	编制/修订人	批准人	生效日期
第一版	新编制			

2021年4月19日发布　　　　　2021年4月21日实施

H公司　　　　　发布

H公司采购管理体系标准

HD/CG2021-001

1. 采购中心各科室的职责与分工

基于现实的考虑，采购中心下设三个科，新增计划管控科，现在的采购中心作为采购科，将中心仓库及二级仓库合并作为仓管科。计划管控科、采购科、仓管科，三个部门各司其职、密切配合（见图1）。

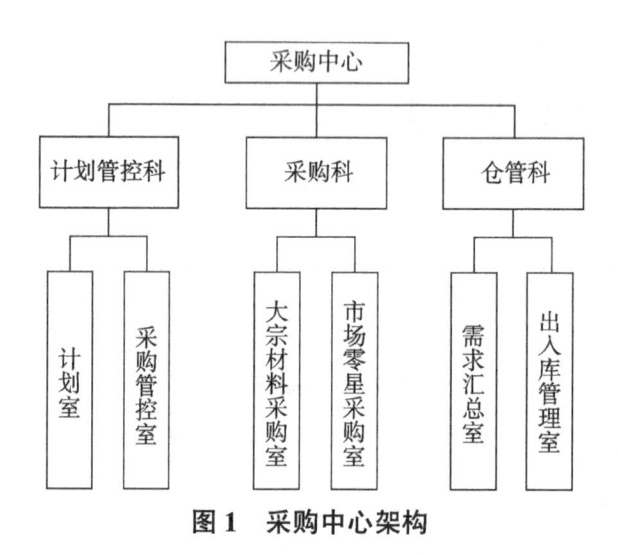

图1 采购中心架构

（1）计划管控科负责常规采购计划的制订、审批；采购合同的归档管理及供应商开发及绩效考核等。

计划管控科设计划室和采购管控室。①计划室负责根据物资净需求编制日常采购计划并负责采购计划的审批，负责采购年度计划、月度计划、降本计划及采购预算的编制；②采购管控室负责采购成本的分析、供应商的开发和供应商绩效考核，并对采购合同的规范性进行管理。

（2）采购科负责采购计划的确认、采购订单的生成及审批流程、供应商的选择及关系维护、采购订单的执行和跟踪。

将公司所有采购订单的执行归口采购科管理，根据物料分类分为两个室，大宗材料采购室和市场零星采购室（以后根据业务规模，再进行循序渐进地优化调整）。

（3）仓管科负责采购需求的汇总、采购到货物资的入库、保管及需求单位的领料出库等。

仓管科设需求汇总室（库存预警）和出入库管理室。①需求汇总室负责汇总各需求部门递交的领料申请，负责在仓物资的维护管理、库存定期盘点及数据的维护等；②出入库管理室负责物资到货的收货、辅助检验或通知检验、物资出入库辅助服务等。

2. 采购与各部门的分工与流程衔接

在采购供应链内部一体化流程优化中，业务部门的订单是活动开始及信息传递的源头，H公司下属智造公司、工程公司、声学公司及其他相关公司根据业务部门的订单来安排生产计划及物资需求计划，并根据需要进行物资申领审批。仓管科（声学公司仓管部门）作为接收物资申领审批表的第一站，负责对各需求单位物资申领计划进行汇总及归类，并根据当前库存数据计算库存缺口报给计划管控科，计划管控科按照库存缺口及库存储备计划等多方面的需要制订分类采购计划并完成审批，审核后的采购计划报给采购科，采购科按采购计划确定合适的供应商进行采购并催交，到货后由仓储科通知检验部验货并接收货物，完成入库数据的及时更新及需求单位物资领取的通知（见图2）。

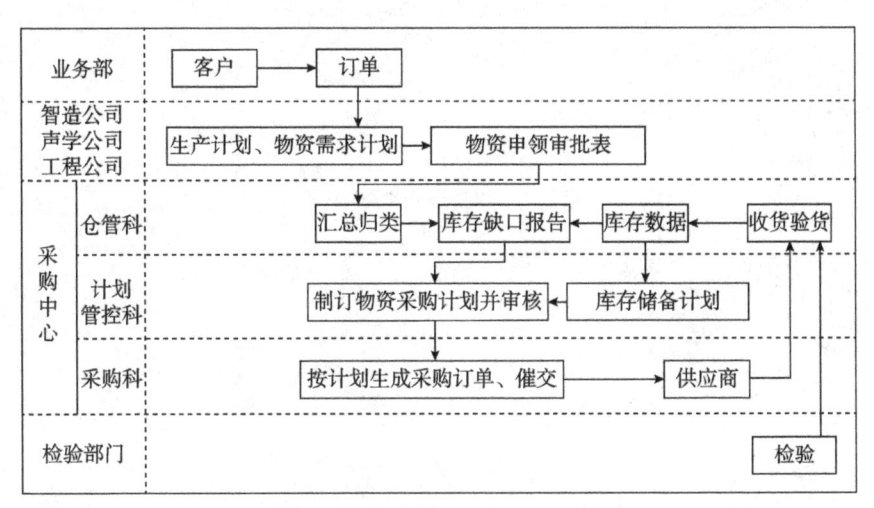

图2 各部门分工及流程衔接

3. 文件流程描述

序号	过程描述	文件与记录	授权人及批准权限
1	H公司常规物资采购流程	HD/CG2021-002	
2	H公司紧急物资采购流程	HD/CG2021-003	
3	H公司大宗物资招标采购流程	HD/CG2021-004	
4	H公司采购物资入库流程	HD/CG2021-005	
5	H公司采购物资出库流程	HD/CG2021-006	
6	H公司供应商管理流程	HD/CG2021-007	

附录一

HD/CG

H 公司采购管理体系标准

HD/CG2021-002

H 公司常规物资采购流程

版本	换版/修订记录	编制/修订人	批准人	生效日期
第一版	新编制			

2021 年 4 月 19 日发布　　　　**2021 年 4 月 21 日实施**

H 公司　　　　　　发布

H公司常规物资采购流程

HD/CG2021-002

1. 常规物资采购适用范围

常规物资采购指公司购买正常生产、工程过程中所需的原材料、零部件、设备、半成品、委外加工产品、低值易耗品、办公用品等物资的采购过程。

2. 常规物资采购基本流程

2.1 公司各需求部门对上述界定的常规物资的采购，实行按周上报需求计划。各单位编制物料需求计划时，要从生产计划任务实际出发，避免盲目提报，将需要物资的品名、数量、规格、型号和技术参数等内容填写完整。每周一上午9点前将当周需要的常规物资申领审批表报给采购中心仓管科，由仓管科根据库存数据汇总出全部物资的净需求，再由计划管控科计划室按照总的净需求生成采购订单，没有在周一上午9点前上报的物资申购计划将被滚动到下个周的计划。紧急采购物资需提出申请并备注充足的理由，具体按照紧急采购流程执行。

注：各部门在填写相关物资申领审批表时，务必写清所购物资的品名、规格、型号、单位、数量、图纸等信息，如因物资申领审批表填写不清而影响采购进度的，后果由各部门自负。

2.2 采购中心仓管科依据现有库存，判断现有库存是够满足订单需求。如满足，随即通知物资申请部门领货；如不满足，将物资申购需求继续上报采购中心计划管控科计划室。

2.3 采购中心计划管控科计划室根据各类物资净需求制订分项采购计划并交给采购科，采购科依据各类物资采购计划生成采购订单。

2.4 采购中心采购科判断采购订单金额，订单金额小于20000元，采购科需要将采购订单报采购中心经理审批；如果订单金额大于等于20000元，采购中心经理审批后上交董事长审批，审批程序完成后，采购中心进行采购相关的后续工作，进一步以产品质量和价格为主要标准选择供应商，对供应商进行询价、比价、议价，接受法务部监审部的价格监审后，最终选择出适合的供应商后随即与供应商签订采购合同。

2.5 采购物资到货后，仓管科通知质检部门进行质检，质检通过后，采购物资入库。与此同时，仓管科向财务部上报相关入库数据，加以记录，便于结算。质检未通过，与供应商协商退换货事宜。至此，常规物资采购流程结束（见图1）。

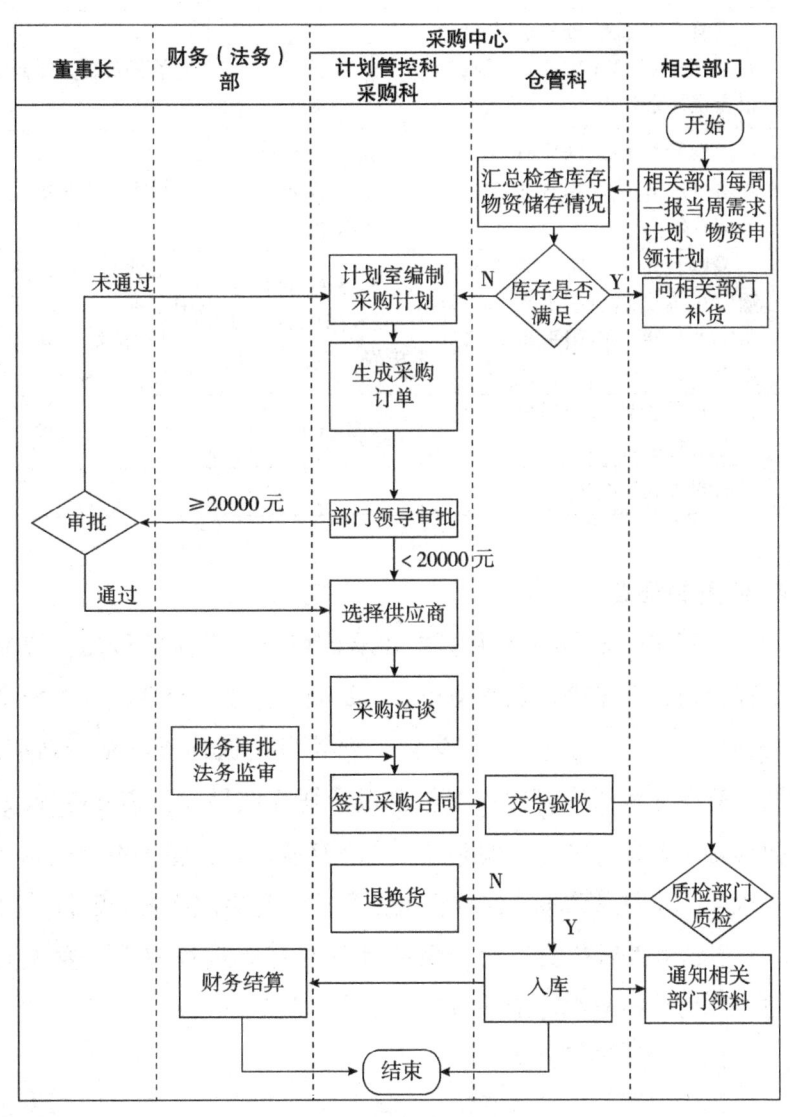

图1 常规物资采购流程

3. 文件流程描述

序号	过程描述	文件与记录	授权人及批准权限
	开始		
1	需求部门每周一上午9点前提供物资申领审批表	表1 物资申领审批表	各需求部门负责人核准、仓管科负责人审批
2	仓管科汇总物资申领审批表并对照现有库存生成库存缺口报告报计划管控科	表2 库存缺口报告	仓管科负责人制定
3	计划管控科根据库存缺口报告及月度库存计划表生成采购计划表	表3 月度库存计划表、表4 采购计划表	计划管控科制定
4	采购科根据采购计划生成采购订单提交领导审批（如遇订单需要变更，使用采购订单变更表）	表5 采购订单（表6 采购订单变更表）	采购科制定、采购中心经理审批、财务总监审批、董事长审批
5	采购科负责与合适的供应商签订采购合同	采购合同	合同用章审批
6	采购科负责催交		

4. 使用的表格

常规物资采购执行过程中主要涉及计划及信息流的传递：智造公司、工程公司、声学公司及其他子公司每周一上午9点前提供物资申领审批表到采购中心仓管科（见表1）；仓管科根据物资申领计划汇总，并对照现有库存生成库存缺口报告单报计划管控科（见表2）；计划管控科根据月度库存计划表（见表3）及库存缺口报告生成物资采购计划表（见表4）并报采购科；采购科根据采购计划生成物资采购订单（见表5）并完成审批后执行；对于采购计划或订单过程中需要发生变更的，需由计划管控科填写采购订单变更表（见表6）。

表1　物资申领审批表

物资申领单

填单日期：

项目名称			申请时间			申领单编号			
序号	物资编码	物资名称	用途	规格型号	单位	申领数量			需要时间
						申领	实发	缺口	
1									
2									
3									
4									
5									
备注						申领部门			
						领料人	核准人	审批人	

注：第一联存根，第二联仓管科，第三联计划科。

表2　库存缺口报告单

库存缺口报告单

报告日期：

序号	物资编码	物资名称	用途	规格型号	单位	缺货数量	需要时间
1							
2							
3							
4							
5							
报告人				复核人			

注：第一联存根，第二联仓管科，第三联计划科。

表3　库存计划表

月份　　　　　　　　　　　　　　　　　　制表时间：

	项目名称	物资编码	物资名称	规格型号	单位	库存量	预计用量	计划储备量	需要日期
1									
2									
3									
4									
5									
计划员					复核人				

注：第一联存根，第二联仓管科，第三联计划科。

表4　物资采购计划表

物资采购计划表

项目名称									制表时间				
编号	物资编码	物资名称	使用部门	规格、型号	单位	单价	数量			预算金额	采购周期	采购方式	订货时间	到货时间
							预采购量	库存量	安全储存					
1														
2														
3														
4														
计划员 签字 年　月　日					采购中心经理审核意见 签字 年　月　日					董事长审批意见 签章 年　月　日				
备注														

注：第一联存根，第二联计划科，第三联采购科。

表5 物资采购订单

物资采购订单													
供应商名称					制表时间							
序号	订单编号	物资基本信息					数量	总金额	交货日期	采购方式		使用时间	使用部门
^	^	物资编码	物资名称	规格型号	单位	单价	技术标准	^	^	^	直接采购	招标采购	^	^
1														
2														
3														
4														
采购员 签字 年 月 日			计划管控专员意见 签字 年 月 日				采购中心经理审核意见 签字 年 月 日					董事长审批意见 签章 年 月 日			
备注													

注：第一联存根，第二联财务部，第三联采购科。

表6 采购订单变更表

采购订单变更表									
公司名称						制表时间			
变更部门						变更日期			
变更原因								
变更物资对比情况								
原物资基本情况					变更后物资基本情况				
物资编码	物资名称	规格型号	单价	订单编号	技术标准	物资编码	物资名称	规格型号	单价	订单编号	技术标准

续表

原物资基本情况						变更后物资基本情况					
物资编码	物资名称	规格型号	单价	订单编号	技术标准	物资编码	物资名称	规格型号	单价	订单编号	技术标准

经办人	部门负责人意见	采购中心经理意见	财务总监审核意见	董事长审核意见
签字 盖章 年　月　日	签字 盖章 年　月　日	签字 盖章 年　月　日	签字 盖章 年　月　日	签字 盖章 年　月　日

备注	

注：第一联存根，第二联财务部，第三联采购科。

附录一

HD/CG

H 公司采购管理体系标准

HD/CG2021-003

H 公司紧急物资采购流程

版本	换版/修订记录	编制/修订人	批准人	生效日期
第一版	新编制			

2021 年 4 月 19 日发布　　　　2021 年 4 月 21 日实施

H 公司　　　　　发布

H 公司紧急物资采购流程

HD/CG2021-003

1. 紧急物资采购适用范围

紧急采购是指如水电抢险、活动实施、设备维护运行、意外事件等过程中急用所需进行的产品或服务的采购。同时也包括上级领导指示需要加急采购的物资，从而为急迫完成任务而进行的公司活动。公司所有的紧急物资采购统一由公司的采购中心负责统筹执行。

2. 紧急物资采购基本流程

2.1 各部门如有紧急物资需要采购，需详细列明紧急采购申请的原因及采购要求。同时，各部门在填写相关紧急采购申请时，务必写清所购物资的品名、规格、型号、单位、数量等信息，如因紧急申购单填写不清而影响采购进度的，后果由需求部门自负。

2.2 仓管科首先查询现有库存是否能够满足紧急需求。如满足，即刻向申请部门发货；如现有库存无法满足订单需求，仓管科则要向计划管控科计划室上报紧急采购需求（见图1）。

2.3 采购中心计划管控科计划室根据物资紧急需求制订分项紧急采购计划并交给采购科，采购科依据紧急采购计划生成紧急采购订单。

2.4 采购中心采购科判断订单金额，订单金额小于（等于）5000元，采购科可直接经采购中心负责人审批后采购。如果订单金额大于5000元，采购科则需要将紧急采购订单分别报总经理审批、董事长审批。紧急采购订单审批完成后，采购科进行相关后续工作。以产品质量和交货周期为主要标准选择供应商，对供应商进行询价、比价、议价，选择出适合的供应商后随即与供应商签订采购合同。

2.5 采购物品到货后，仓管科通知质检部进行质检，质检通过，采购品紧急入库并通过紧急出库审批及时满足需求。与此同时，仓管科向财务部上报相关数据，加以记录，便于结算。质检未通过，与供应商协商退换货事宜。至此，紧急采购流程结束。

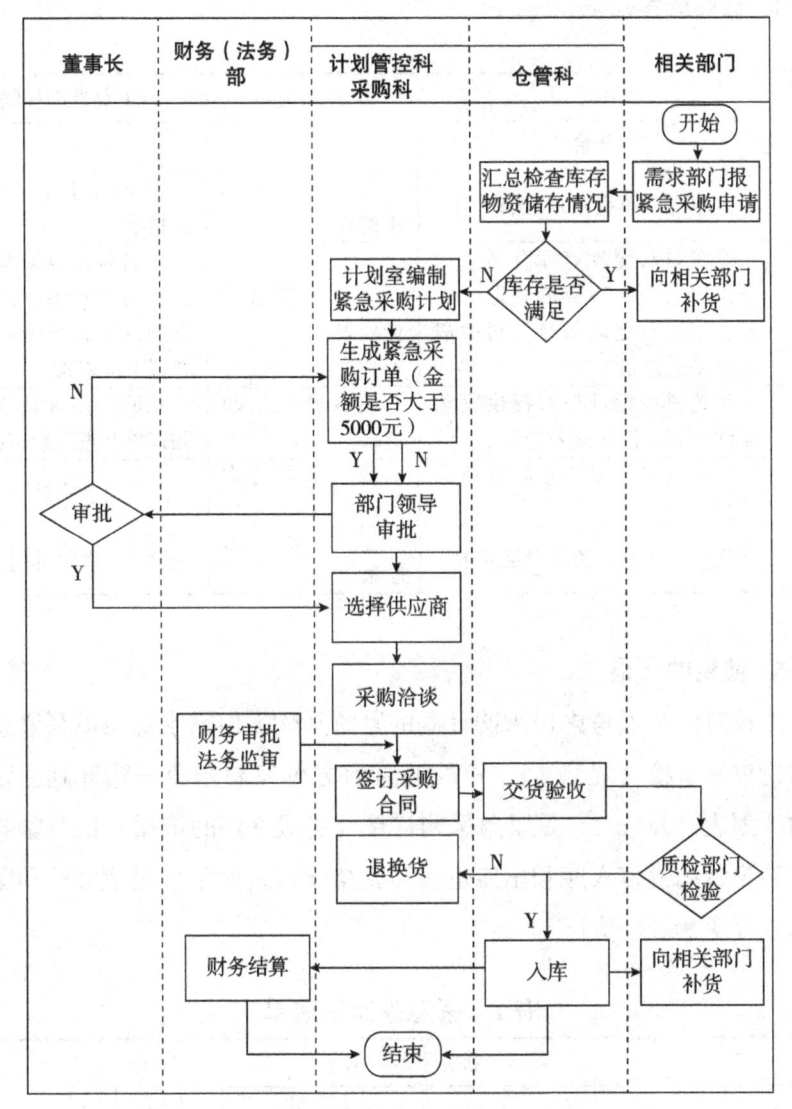

图 1 紧急物资采购流程

3．注意事项

申请紧急采购的物料，如遇到审批的上级领导外出、休假或会议，未能及时审批，经电话请示获批后方可执行，但事后仍需补走公司紧急物资采购流程手续。

4. 文件流程描述

序号	过程描述	文件与记录	分工及批准权限
	开始		
1	需求部门填报紧急采购申请	表1 紧急采购申请表	需求部门相关负责人核准
2	仓管科对照现有库存需求给予即时答复。库存满足即时满足，库存不足即报计划科生成紧急采购计划	表2 紧急采购计划表	仓管科紧急采购信息核对及传递、计划员制订紧急采购计划并报上级审批
3	采购科根据计划科提供紧急采购计划制订紧急采购订单	表3 紧急采购订单	采购科制订紧急采购订单并报上级审批
4	采购科执行紧急采购订单并跟催货物	表4 紧急验货入库单	采购科、仓管科
5	到货后仓管科及时满足需求	表5 紧急出库单	仓管科、需求部门

5. 使用的表格

未按时间节点考虑进采购计划的紧急采购需由需求部门填写紧急采购申请单并审核（见表1），审核通过后方可编制紧急采购计划，紧急采购计划表（见表2）是紧急采购订单（见表3）的依据，按照紧急程序采购到货的物资入库和出库也按照紧急验货入库单（见表4）和紧急出库单（见表5）执行。

表1 紧急采购申请单

紧急采购申请单										
需求部门						申请时间				
紧急采购原因及采购要求										
物资基本信息								总金额	预订到货日期	用途简介
序号	物资编码	物资名称	规格型号	单位	数量	参考价格	预购价格	技术标准			
1											

续表

序号	物资基本信息								总金额	预订到货日期	用途简介
	物资编码	物资名称	规格型号	单位	数量	参考价格	预购价格	技术标准			
2											
3											
紧急采购申请人 签字 盖章 年　月　日			仓管员意见 签字 盖章 年　月　日			计划员意见 签字 盖章 年　月　日			采购中心经理审批 签字 盖章 年　月　日		

注：第一联存根，第二联仓管科，第三联计划科。

表2　紧急采购计划表

紧急采购计划表

项目名称										制表时间		
序号	物资编码	物资名称	使用部门	规格型号	单位	单价	数量			预算金额	采购周期	采购方式	订货时间	到货时间
							预采购量	库存量	安全储存					
1														
2														
3														
计划员 签字 年　月　日			采购中心经理审核意见 签字 年　月　日			董事长审批意见 签章 年　月　日		
备注											

注：第一联存根，第二联计划科，第三联采购科。

表3 紧急采购订单

紧急采购订单												
供应商名称							制表时间						
序号	订单编号	物资基本信息						数量	总金额	交货日期	采购方式		使用时间	使用部门
			物资编码	物资名称	规格型号	单位	单价	技术标准					直接采购	招标采购		
1												
2												
3												
采购员 签字 年 月 日						采购中心经理审核意见 签字 年 月 日					董事长审批意见 签章 年 月 日			
备注													

注：第一联存根，第二联财务部，第三联采购科。

表4 紧急验货入库单

年 月 日　　供应商：　　　　　　编号：

序号	物资编码	物资名称	规格型号	单位	入库数量	单价	金额	备注
1								
2								
3								
采购员		检验员意见	仓管员		合计			

注：第一联存根，第二联财务部，第三联仓管科。

表5 紧急出库单

年　月　日　　　　　　　　　　　　　　　　编号：

物资编码	物资名称	规格型号	单位	出库数量	单价	金额	备注
领用部门	领用人		仓管员		合计		

注：第一联存根，第二联财务部，第三联仓管科。

H 公司采购管理体系标准

HD/CG

HD/CG2021-004

H 公司大宗物资招标采购流程

版本	换版/修订记录	编制/修订人	批准人	生效日期
第一版	新编制			

2021 年 4 月 19 日发布　　　　2021 年 4 月 21 日实施

H 公司　　　发布

H 公司大宗物资招标采购流程

HD/CG2021-004

1. 大宗物品招标采购适用范围

大宗物品采购指单批或者单件物品采购金额在 10 万元以上（含 10 万元），以购买、租赁、委托或雇佣等方式获取货物、工程和服务的行为。

2. 大宗物品采购基本流程

2.1 公司内部各相关部门应根据自身工作需要，在符合年度采购计划且满足相关预算的前提下，上报大宗物品的采购单。

2.2 采购中心计划室制订采购计划、收集供应商信息、初步确定投标单位、编写招标文件并发布招标信息。

2.3 采购中心同各相关部门共同审定投标文件、评标、确定入围供应商名单。采购中心将入围供应商名单上报各分、子公司总经理审核、之后报董事长审批。审核完成后，与最终确定的供应商进行合同谈判，商榷后续采购事宜。至此，大宗物品采购流程结束（见图1）。

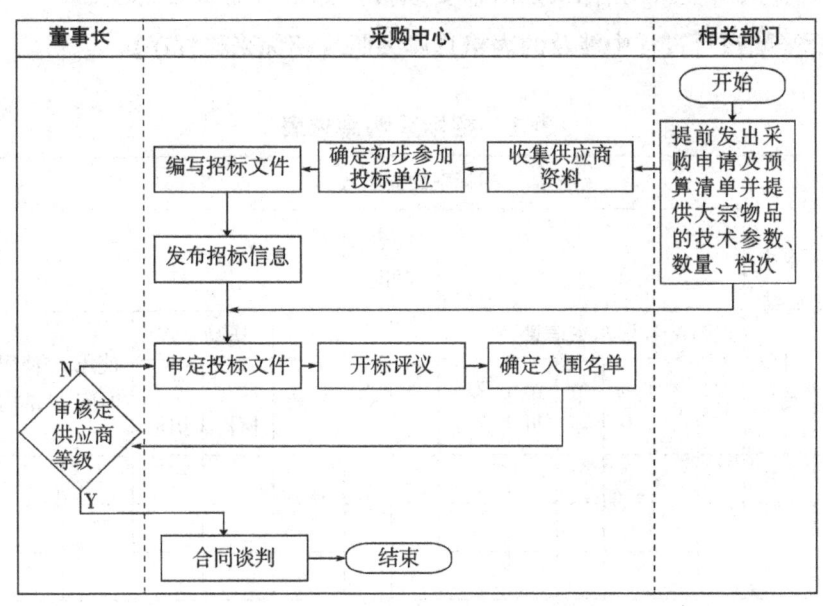

图 1　大宗物品招标采购流程

3. 注意事项

3.1 公司采取公开招标方式。

3.2 每次投标方应不少于3家。

4. 文件流程描述

序号	过程描述	文件与记录	授权人及批准权限
	开始		
1	需求部门提前发出招标采购申请及预算清单并提供大宗物品的技术参数、数量、档次	表1 物资招标采购需求	需求部门相关负责人核准
2	采购中心负责按照既定流程执行招标采购	招标采购程序、招标采购合同	各需求部门负责人核准、采购中心负责人审批、合同用章审批
3	采购中心负责招标物资催交		

5. 涉及的表格

需求部门提出招标采购时需要填报招标采购需求表（见表1），在招标采购执行过程中涉及的表格具体参照《招标采购程序》。

表1 招标采购需求表

招标采购需求表

招标事由						制表时间						
序号	订单编号	物资基本信息					数量	总金额	交货日期	采购方式		使用时间	使用部门
		品格	规格	型号	单位	单价	技术标准				公开招标	邀请招标		
1														
2														
3														

续表

序号	订单编号	物资基本信息						数量	总金额	交货日期	采购方式		使用时间	使用部门
		品格	规格	型号	单位	单价	技术标准				公开招标	邀请招标		
4														

需求部门	采购员	采购中心经理审核意见	董事长审批意见
签字	签字	签字	签章
年 月 日	年 月 日	年 月 日	年 月 日
备注			

注：第一联存根，第二联财务部，第三联采购科。

HD/CG

H 公司采购管理体系标准

HD/CG2021-005

H 公司采购物资入库流程

版本	换版/修订记录	编制/修订人	批准人	生效日期
第一版	新编制			

2021 年 4 月 19 日发布　　　　　　2021 年 4 月 21 日实施

H 公司　　　　　　发布

H公司采购物资入库流程

HD/CG2021-005

1. 采购物资入库适用范围

物资入库包含常规物资、紧急物资的到货入库，也包含工程公司与智造公司产成品的入库。

2. 采购物资入库基本流程（见图1）

2.1 采购物资由供应商或第三方物流送达公司后，先行存放于待检验区，经仓管科将物资与采购科提供的订单进行核对后，判断单、物是否一致，并判断质量是否合格。如合格，将物资转移至合格品区（即原材料库）；如不合格，则与供应商协商进行退换货。

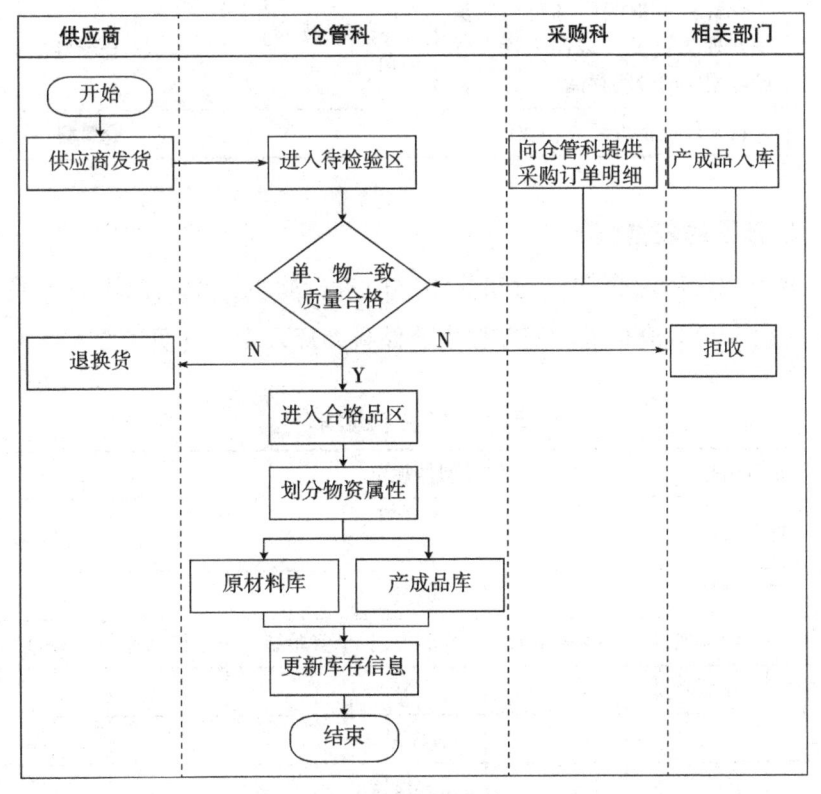

图1 采购物资入库基本流程

2.2 对于公司内部产成品，经智造公司完工后，由质检部进行质量检验。如合格，将产成品转移至合格品区（即产成品库）；如不合格，仓管科有理由拒收。

2.3 物资完成入库后，仓管科需根据存放要求实施定置定位管理，并及时更新库存信息。至此，物资入库流程结束。

3. 文件流程描述

序号	过程描述	文件与记录	授权人及批准权限
	开始		
1	供应商的产品到货后，仓管科通知检验部门进行检验；产成品下线后进行检验	表1 物资检验单	检验部门
2	仓管科负责按照既定入库流程办理物资及产成品入库，并进行相应的分类存储	表2 物资入库单	仓管科
3	仓管科负责更新库存数据		仓管科

4. 涉及的表格

物资到货后由仓储科通知检验部门进行验货，检验部填写检验单（见表1），检验合格的物资需要由仓储科办理入库单（见表2）。

表1 物资检验单

物资名称			型号规格			
物资编码			检验条件、依据			
产品批号			数量			
序号	检验项目	技术要求	检验方法	实验结果	合格判定	备注
1	外观质量		目测			
2	尺寸		按图纸			
3	技术参数		相关仪器			

续表

序号	检验项目	技术要求	检验方法	实验结果	合格判定	备注
4	工艺要求		测量工具			
5	可靠性项目		实验			

说明：

检验结论	合格□不合格□	主管意见	同意	日期	
检验员（签名）		主管（签名）			

注：第一联存根，第二联财务部，第三联仓管科。

表2　物资入库单

年　　月　　日　　供应商：　　　　　　　　编号：

序号	物资编码	物资名称	规格型号	单位	入库数量	单价	金额	备注
1								
2								
3								
4								
5								
计划员		采购员		检验员		仓管员	合计	

注：第一联存根，第二联财务部，第三联仓管科。

HD/CG

H 公司采购管理体系标准

HD/CG2021-006

H 公司采购物资出库流程

版本	换版/修订记录	编制/修订人	批准人	生效日期
第一版	新编制			

2021 年 4 月 19 日发布　　　　　2021 年 4 月 21 日实施

H 公司　　　　　发布

H公司采购物资出库流程

HD/CG2021-006

1. 采购物资出库适用范围

物资出库包含相关需求部门领料单中的原材料、配件、半成品等，也包括客户订单中的成品。

2．物资出库基本流程

2.1 对于H公司下属智造公司、工程公司等相关部门的领料需求，仓管科经汇总申购需求后，判断原材料库存是否满足需求，如满足，则办理后续出库手续，随即出库；如不满足，则向计划管控科计划室发出申购需求，计划管控科计划室再分解制订出各类物资的采购计划。

2.2 对于客户产成品订单，仓管科接到业务部订单后，判断公司内部产成品库存是否满足订单需求，如满足，则进一步检查产成品是够满足出库条件，检查完成后，进行出库登记，随即出库；如不满足，则告知业务部与客户协商，是否可以延迟交货，同时通知智造公司加速生产。对委外成品采购的申购需求在库存不满足的情况下报计划科生成采购计划。

2.3 物资出库完成后，仓管科需要对物资及成品的出入库信息及时更新。至此，物资出库流程结束（见图1、图2）。

3. 文件流程描述

序号	过程描述	文件与记录	授权人及批准权限
	开始		
1	业务部根据客户订单及工程安排申请物料或产成品出库	表1物料出库申请单或表2产成品出库单	领用部门、仓管科
2	仓管科负责按照既定出库流程办理物资及产成品出库		仓管科
3	仓管科负责更新库存数据		仓管科

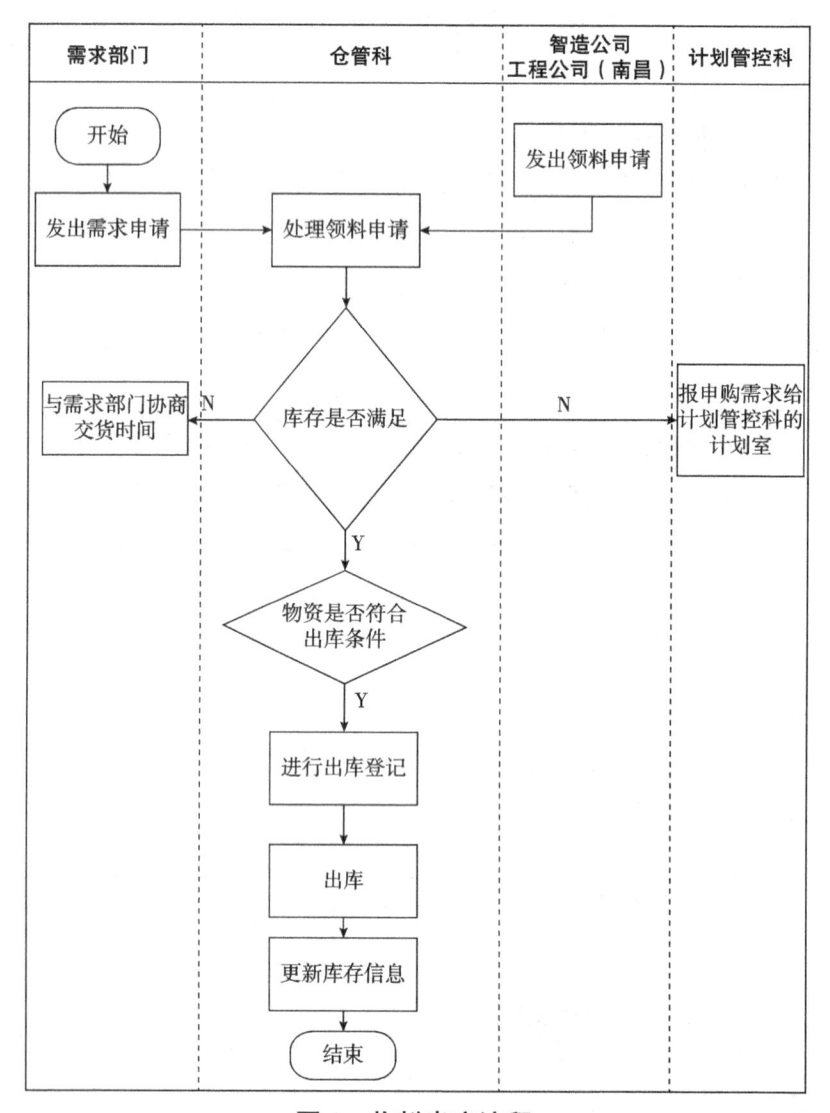

图 1 物料出库流程

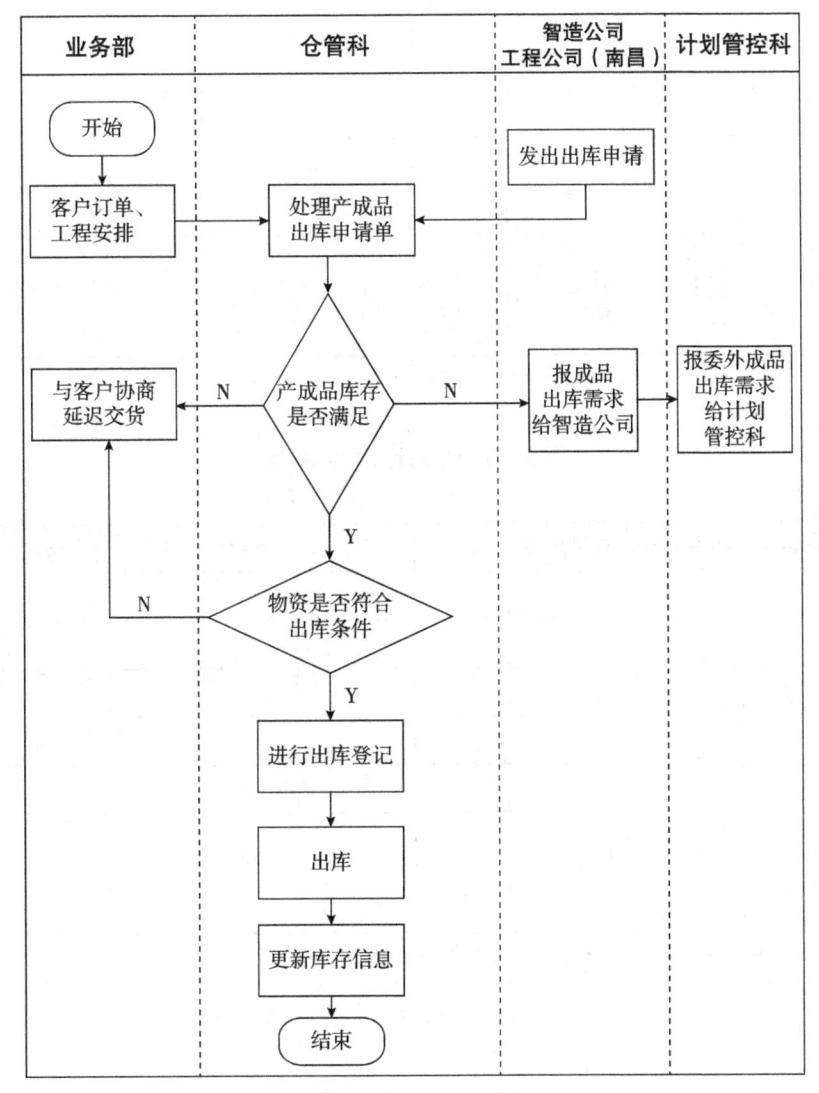

图 2 物料出库流程

4. 涉及的表格

物资出库时需由领用部门协助填写出库申请单（见表1、表2）。

表1 物料出库申请单

年　月　日　　　　　　　　　　　　　　　编号：

物料编码	物料名称	规格型号	单位	出库数量	单价	金额	备注
领用部门	领用人	检验员	仓管员	合计			

注：第一联存根，第二联财务部，第三联仓管科。

表2 产成品出库申请单

年　月　日　　　　　　　　　　　　　　　编号：

物资编码	物资名称	规格型号	单位	出库数量	单价	金额	备注
领用部门	领用人	检验员	仓管员	合计			

注：第一联存根，第二联财务部，第三联仓管科

附录一

HD/CG

H公司采购管理体系标准

HD/CG2021-007

H公司供应商管理流程

版本	换版/修订记录	编制/修订人	批准人	生效日期
第一版	新编制			

2021年4月19日发布　　　　2021年4月21日实施

H公司　　　　发布

H 公司供应商管理流程

HD/CG2021-007

1. 供应商管理适用范围

供应商管理包含对供应商的开发、调查、评价、关系管理和改善等活动。

2. 供应商管理基本流程（见图1）

2.1 采购中心采购科负责供应商开发调研工作，通过实地调研、新闻媒体、电视、广告、报纸等多种方式了解市场上供应商的基本状况，掌握供应商基本信息。对于公司已有合作业务的供应商，在统计完采购情况的前提下，结合智造公司、工程公司等需求部门对供应商的评价，将现有供应商分为优秀、良好、不合格三类，对优秀供应商增加采购量，对良好供应商保持原有采购量，对不合格供应商，公司需与此类供应商进行洽谈，帮助供应商改善供应状况。

2.2 由智造公司、工程公司、质检部门对不合格供应商改善后提供的供应品进行试用、检查，如合格，则恢复采购；如不合格，则取消公司对其的供应商资格。

3. 文件流程描述

序号	过程描述	文件与记录	授权人及批准权限
	开始		
1	按期统计采购情况、使用情况及业务情况		采购中心、智造公司、工程公司、业务部
2	采购中心按照供应商评价考核的办法和指标进行具体评价		采购中心
3	采购中心将评价结果分享给供应商，以促进供应商的改进		采购中心、供应商

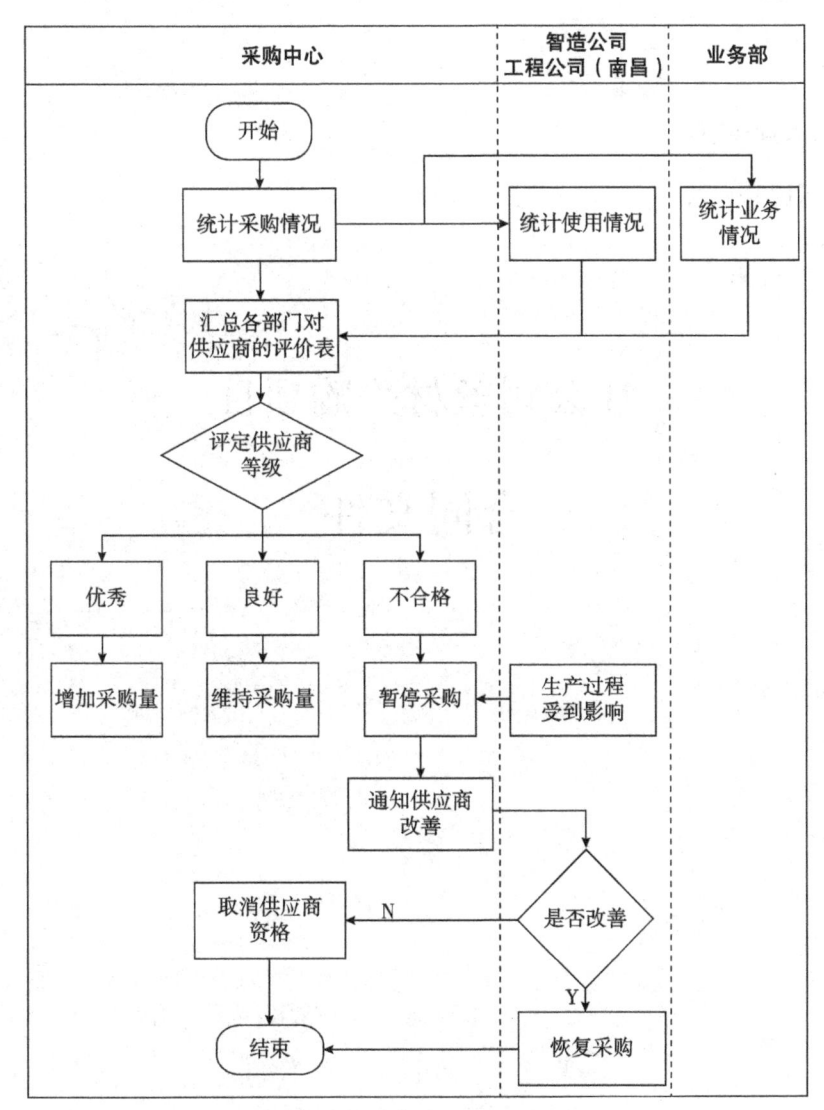

图 1 供应商管理基本流程

附录二

类别序号：
合同编号：

H公司丝材采购项目

合同文件

年　月

一、合同协议书

本合同于_____年____月____日由 H 公司（以下简称"买方"）为一方和_____另一方（以下简称"卖方"）按下述条款和条件签署。

根据《中华人民共和国合同法》《中华人民共和国民法通则》及有关法律、法规，遵循平等自愿、公平和城市信用的原则，为规范合同当事人的交易行为，保护合同双方的合法权益，就本合同事宜达成一致。买方 H 公司为获得丝材而招标，并接受了卖方以总金额￥_____元人民币_____（大写）元整（以下简称"合同价"）提供上述货物的投标。

本合同在此声明如下：

1. 本合同中的词语和术语的含义与合同条款中定义的相同。

2. 下述文件构成本合同的文件可视为是能互相说明的，如果合同文件存在歧义或不一致，则根据如下优先次序来判断：

（1）合同专用条款

（2）合同通用条款

（3）合同条款附件

合同附件 1 货物及数量一览表

合同附件 2 分项价格表

（4）中标通知书

（5）招标文件

（6）投标文件

3. 考虑到买方将按照本合同向卖方支付，卖方在此保证全部按照合同的规定向买方提供货物和服务，并修补缺陷。

4. 考虑到卖方提供的货物和服务并修补缺陷，买方在此保证按照合同规定的时间和方式向卖方支付合同价或其他按合同规定应支付的金额。

合同签订地为

买　方：（盖章）　　　　　　　　卖　方：（盖章）

法定代表人签字：　　　　　　　　法定代表人签字：
日期：　　　　　　　　　　　　　日期：

二、合同条款

1. 定义

1.1 "合同"系指买卖双方签署的、合同格式中载明的买卖双方所达成的协议，包括所有的附件、附录和上述文件所提到的构成合同的所有文件。

1.2 "合同价"系指根据本合同规定卖方在正确地完全履行合同义务后买方应支付给卖方的价款。

1.3 "货物"系指卖方在本合同项下应向买方交付的全部材料。

1.4 "服务"系指乙方根据本合同规定承担的与供货有关的辅助服务，如运输、保险等伴随服务和合同中规定乙方应承担的其他义务。

1.5 "合同条款"系指本合同条款。

1.6 "买方"系指在合同中指明的购买货物和服务的单位。

1.7 "卖方"系指在合同中指明的提供本合同项下货物和服务的单位。

1.8 "现场"系指本合同项下货物送达的现场，即_____。

1.9 "中国"系指中华人民共和国。

1.10 "天"系指日历天数。

1.11 "买方代表"系指合同专用条款中指明的，代表买方对本合同的实施进行监督和管理的买方工作人员，其具体职责和权限在合同专用条款中予以明确。

2. 合同标的

2.1 合同标的、供货范围和相关服务详见本合同附件 1

合同供货范围和相关服务包括了所有货物，以及与供货有关的辅助服务，如运输、保险等伴随服务和合同中规定乙方应承担的其他义务。如在执行合同过程中发现有任何漏项和短缺，在供货清单中并未列入而且按照市场通行标准和招标文件确实是卖方供货范围中应该有的，并且是满足合同货物的性能保证要求所必需的，均应由卖方负责补上所缺的货物与相关服务，且不再增加合同价格。

2.2 执行标准

2.2.1 遵照国家强制标准＿＿＿（具体质量标准文件代号）＿＿＿；

2.2.2 遵照行业标准＿＿＿（具体文件代号）＿＿＿；

2.2.3 遵照企业标准＿＿＿（具体文件代号）＿＿＿；

3. 合同价格

3.1 合同价格：即合同总价￥＿＿＿＿＿＿元人民币＿＿＿＿＿＿（大写）元整。

3.2 该合同价格包含货物价格及伴随服务价格，以及卖方履行本合同义务发生的其他费用。

3.3 合同价格为固定价格，卖方"自己生产的货物"和"非自己生产但自行采购的货物"价格在合同执行过程中是固定不变的，不得以任何理由（包括材料涨价）予以变更。

4. 履约保证金

本合同履约保证金适用下列约定。

卖方应在合同签字盖章后 15 日内，向买方提交合同价 10% 的履约保证金。

（1）如果卖方未能按合同规定履行其义务，买方有权从履约保证金取得补偿。

（2）履约保证金应采用人民币，并采用下述方式之一提交。与此有关的所有费用由卖方承担。

a. 银行保函：经买方认可的在中华人民共和国境内依法注册和营业的有相关资质的银行出具，其格式采用招标文件提供的格式。

b. 银行汇票、支票或现金。

（3）在合同货物通过"72小时"验收合格后30日，双方没有质量纠纷，买方将把履约保证金退还卖方。

（4）如买方从履约保证金中扣除索赔款，卖方15日内应在履约保证金中补足相应金额。

5. 技术规格、标准和计量单位

5.1 本合同项下所供货物的技术规格和标准应与本合同第2条中规定的标准相一致。若附件中无相应规定，则应符合国家有关部门最新颁布的相应正式标准。如有进口材料，则应适用制造国标准和国际通用标准中较高的标准。这些标准应是有关机构发布的最新版本的标准。

5.2 除技术规格另有规定外，计量单位均使用中华人民共和国法定计量单位。

6. 使用合同文件和资料

6.1 没有买方事先书面同意，卖方不得将由买方或代表买方提供的有关合同或任何合同条文、规格、资料等提供给予履行本合同无关的任何其他人。即使向与本合同有关的人员提供，也应注意保密并限于履行合同必需的范围。

6.2 没有买方事先书面同意，除了履行本合同之外，卖方不应使用条款第6.1条所列举的任何文件和资料。否则，卖方须承担由此而引起的一切后果。

6.3 除合同本身外，本合同所涉及由买方提供的任何文件和资料是买方的财产。买方可要求卖方应在完成合同后将这些文件和资料（包括全部副本）还给买方。

6.4 合同、所有资料及与此相关的文件，都视为买方的商业机密不得透露给第三方。若出现违背规定的情况，卖方必须承担责任。

7. 知识产权

卖方应保证买方在使用其货物、服务及其任何部分不受到第三方关于侵犯专利权、商标权或工业设计权的指控。任何第三方如果提出侵权指控，卖方须与第三方交涉并承担由此而引起的一切法律责任和费用。如买方因上述原因而遭受任何经济损失或承担任何法律责任，则卖方应负责赔偿。

8. 检验和测试

8.1 卖方负责货物验收前的运输和安全工作，货物毁损、灭失的风险在货物的所有权转移给买方之前，由卖方承担。货物的所有权自验收合格后转移给买方。

8.2 货物运达买方指定地点后，由双方共同从该批次货物上抽检样品，由买方出具验收结论，对验收结论存在争议的，可由买方委托（或双方共同委托）第三方鉴定机构鉴定，检验结果对双方都有约束力，检验费用由责任方承担。检验合格后办理入库手续，检验不合格买方有权全部退货，所造成的损失由卖方全部承担。

8.3 买方有权依据验收记录，对货物验收前的毁损、丢失、数量不符、质量不符等，向卖方提出更换、索赔或拒收的要求。

8.4 卖方如对买方提出的更换、索赔或拒收要求有异议，应在接到买方书面通知后 5 日内提出，并在该时间内赴现场同买方共同复验。

8.5 卖方在接到买方按本合同规定提出的索赔要求后，应以不影响买方的生产为原则，尽快履行赔偿责任，由此产生的相关费用均由卖方承担。

8.6 上述各项检验仅是现场到货的验收，即使没有发现问题或卖方已按索赔要求予以更换均不能被视为卖方应承担的质量保证责任的解除。

8.7 性能验收试验：如果合同产品未能达到本合同所规定的性能指标，买、卖及有关方共同研究，澄清责任。由责任方会同买方一起采取措施，使合同产品性能达到保证值，责任方应承担所发生的一切费用，如属卖方责任，卖方还须承担相应的赔付。

8.8 性能验收结果只是证明卖方所提供产品性能和参数截止到此时可以按合同要求予以接受，但不能视为卖方对合同产品中存在的可能引起合同产品损坏的潜在缺陷所应负责任解除的证据。潜在缺陷指产品的隐患在正常情况下不能在制造过程中发现。卖方对纠正潜在缺陷应负有责任，其时间应保证到质量保证期终止。当发现这类潜在缺陷时，卖方须进行修理和更换。卖方应负担因此而产生的一切费用。

9. 包装、标记与装运

9.1 卖方应提供货物运至合同规定的最终目的地所需要的包装，以防止货物在转运中损坏或变质。这类包装应采取防潮、防晒、防锈、防腐蚀、防震动及防止其他损坏的必要保护措施，从而保护货物能够经受多次搬运、装卸及长途运输。卖方应承担由于其包装或其防护措施不妥而引起的货物锈蚀、损坏和丢失的任何损失的责任或费用。每件包装内应附一份详细装箱单和质量合格证。

9.2 凡由于卖方包装或保管不善致使货物遭到损坏或丢失时，不论在何时何地发现，一经证实，卖方应负责及时修理、更换或赔偿。在运输中如发生货物损坏和丢失时，卖方负责与承运部门及保险公司交涉，同时卖方应尽快向买方补供货物以满足工期需要。赔偿额按核定额在下次付款中扣除。

9.3 卖方供给货物（无论装在箱内或成捆的散件）的包装，都应贴有标明合同号和货物名称标签。

9.4 对装箱供给的货物，卖方在每个箱子的两面用油漆写上如下内容：合同号，装运标志，目的地，收货人，货物名称、和项目号，箱号（箱的序号/货物总件数），毛/净重，外形尺寸，长×宽×高。按照货物特性和不同的运输及装卸要求，在箱上明显标上"向上""小心""防潮"、吊装位置等通用标志。包装箱应连续编号，而且在整个装运过程中，装箱编号的顺序始终是连贯的。

9.5 卖方应在合同规定的交货期前 30 日以电报、传真或电传通知买方合同号、货物名称、数量、包装件数、总毛重、总体积（m^3）和备妥待运日期。同时，卖方应以挂号信寄给买方详细的交货清单一式五份，包括合同号、货物名称、规格、数量、总毛重、总体积（m^3）和每一包装箱的尺寸（长×宽×高）、单价和总价、备妥待运日期，以及货物在运输和仓储中的特殊要求和注意事项。

9.6 卖方装运的货物必须符合合同规定的货物名称、型号规格、数量或重量。否则，一切后果均由卖方承担。

9.7 卖方应向保险公司以买方为受益人投保发运合同货物价格110%的运输一切险。

10. 交货

10.1 卖方应按照本合同附件中规定的时间和数量交货，没有规定或规定不明的，卖方应在本合同生效后 90 天内完成交货。卖方有权要求变更交货时间，变更后的具体交货时间以买方通知为准（但买方在收到卖方通过挂号信邮寄来的交货清单后变更交货时间的，买方需在收到交货清单后 5 日内通知卖方），买方并不因此承担任何责任，交货前仓储、保养、复检、运输及老化等费用由卖方承担。

10.2 合同生效后 10 日内卖方应向买方提供盖章的交货计划。

10.3 交货时间：_____；

10.4 交货地点：_____；

10.5 接货检查

（1）货物运到买方项目现场后，买卖双方根据卖方的发货通知单对货物进行接收前的检查工作，记录检查结果并签字。

（2）买方须按卖方注有车号和运单号的发货通知单及时清点货物件数并检查包装外观有无破损。

（3）买方如果没有得到卖方的发货通知单，有权不对货物进行接收检查工作。

（4）如卖方人员不能在买方人员到达现场后 24 小时内到现场进行货物的接收检查，买方根据卖方的发货通知单有权对货物进行接货检查，检查结果由买方以传真或邮件的形式通知卖方，卖方无条件接受检查结果，并承担由此造成的一切后果。

（5）买方如发现货物件数与发货通知单不符，或其中之一箱件外观破损，买方应及时做好记录，并有权拒绝接收货物，同时通知卖方进行处理。

（6）买方如经过检查，到货件数和标志等与发货通知单相符，箱件外观无破损，做好记录后即可以进行卸货工作。

10.6 卸货

买方负责接货检查合格的货物的卸货工作，并承担卸货工作中的一切后果。

10.7 保存管理

卸货后无争议的未开箱的货物保存管理工作由买方或其委托单位负责。

10.8 如果卖方未能按合同规定的时间按期交货（不可抗力除外），由买方核定因卖方延退交货产生的损失额，并从未付款或从履约保证金（如有）中扣除。

11. 付款

11.1 支付币种：人民币，支付方式：电汇或银行承兑汇票

11.2 付款方法

（1）在所有货到验收合格并在所有票据交接后的第二个月内支付合同款的百分之九十五（95%）；

（2）质保期结束后三十（30）个工作日内支付合同款的百分之五（5%）。

11.3 支付条件

（1）到合同款：合同全部货物到现场验收后向买方书面提出付款申请要求的同时提供下列单据：货物装箱单一式5份、卖方出具的货物检验合格证书一式5份、买方出具的到货验收证明1份、卖方开具至合同价格100%的增值税专用发票。

（2）卖方在质量保证期后向买方书面提出支付要求的同时，提供下列单据：甲乙双方代表签署的质量保证期证明副本1份。

12. 质量保证

12.1 卖方应保证其提供的货物是全新的，质量优良，安全可靠，严格按照国家标准、行业标准或企业标准提供，并在各个方面符合合同规定的质量、规格和性能要求。同时，卖方应保证其货物在货物寿命期内性能良好。在规定的质量保证期内，卖方应对货物质量问题导致的缺陷或故障负责。卖方收到通知后应在8小时内（白天）做出及时响应，并承诺在24小时之内赶到现场实地解决问题。卖方应承担发生的返工所增加的额外费用，对造成的损失买方保留索赔的权利。

12.2 卖方应提供每一批次货物的质量证明材料，包括产品合格证、装箱单等。

12.3 本合同下合同货物质量保证期为合同货物运达买方指定地点之日起的12个月。法律的规定与上述约定不一致的，以较长的质量保证期为准。

12.4 本合同履行期间，由于卖方原因导致合同货物不符合本合同的要求或技术资料有错误，或者由于卖方技术人员错误，造成返工、报废的，卖方保证及时无偿更换，并承担由此产生的一切费用。卖方可委托买方在现场进行更换，所有费用由卖方负担。更换的期限应在卖方责任确定之日起15日内。如因此导致迟延履行的，应向买方承担逾期违约责任。卖方承担违约责任的，并不免除其按本合同继续交付的义务。

12.5 质量保证期内，如发现合同货物性能保证值达不到本合同约定，如属卖方责任，则买方有权向出具保函银行和/或卖方提出索赔。卖方应在买方提出索赔要求后3日内，进行无偿更换或赔款，买方有权自行或经卖方委托安排更换，由此产生的一切费用和风险由卖方承担。如卖方拒绝更换，或经更换后，本合同货物仍然达不到质量标准，则买方有权退货，卖方应退还合同价格并按照本合同条款约定的标准承担违约责任。

12.6 质保期内重复出现由于货物本身原因产生的问题仍属质保范围，对更换过的材料从更换之日起，货物保证期顺延。

12.7 质量保证期满后，卖方负责对所提供的合同货物维护，只收取材料成本费，免收人工费用。质量保证期届满后，卖方仍应按照法律的规定，在合同货物的安全使用期内，对因合同货物的缺陷所造成的损害承担责任。合同货物明示的安全使用期与法律、法规、国家或地方的强制性标准不一致的，以较长的时间为准。

12.8 本合同下，如合同货物存在设计缺陷或错误或者存在制造缺陷（包括所采用的工艺或所使用的材料存在缺陷），因解决该等缺陷而延迟或减少的买方运营时间，卖方应按本合同约定承担违约责任。

12.9 卖方所供产品存在质量缺陷（含保质期内），经买方通知后在合同约定或买方指定的时限内未能按买方通知要求对产品更换、消除缺陷的，则卖方应按照本合同标的额的10%向买方承担质量违约责任。

13. 索赔

13.1 如果卖方对货物偏差负有责任而买方在合同条款中规定的检验、验收和质量保证期内提出了索赔，卖方应按照买方同意的下列一种或几种方式结合起来解决索赔事宜。

（1）卖方同意退货并用合同规定的货币将货款退还给买方，并承担由此发生的一切损失和费用，包括运费、保险费、检验费、仓储费、装卸费、修理，以及为看管和保护退回货物所需的其他必要费用等。

（2）根据货物的偏差情况、损坏程度及买方所遭受损失的金额，经买、卖双方商定降低货物的价格。

（3）用符合合同规定的规格、质量和性能要求的焊丝来更换有缺陷的部分和/或修补缺陷部分，卖方应承担一切费用和风险并负担买方蒙受的全部直接损失费用。同时，卖方应按合同相关条款规定，相应延长所更换货物的质量保证期。

（4）卖方所供产品存在质量缺陷（含保质期内），经买方通知后在合同约定或买方指定的时限内未能按买方通知要求对产品更换、消除缺陷的，则卖方应按照缺陷产品金额的20%向买方承担质量违约责任。

13.2 对于货物延迟交货的，卖方按每迟交货物1日，支付合同总价3%的标准赔偿买方。

13.3 以上违约金或损失总额若达到本合同总价格的10%的，买方有权单方解除或终止合同，合同的解除与终止并不免除卖方的违约金与损失赔偿责任等合同约定义务。

13.4 如果在买方发出索赔通知后15日内，卖方未做答复，上述索赔应视为已被卖方接受，买方有权从未付款项、履约保证金中直接扣除，或直接要求兑付履约保函，卖方对此无异议。

14. 不可抗力

14.1 不可抗力指：本合同签订后发生的，影响本合同项下义务履行的严重自然灾害、灾难（如台风、洪水、地震、火灾和爆炸等）、战争、叛乱、动乱等。

14.2 合同双方的任何一方，由于不可抗力事件而影响合同义务的履行时，其延迟履行义务期限相当于不可抗力事件影响的时间，但不得因不可抗力事件影响而调整合同价格。

14.3 如因国家法律、法规、政策或计划的变更和/或调整使项目建设成为不可能，或者有权部门依法禁止或限制项目建设，则买方有权终止合同并免除其在本合同项下的所有责任。

14.4 受到不可抗力事件影响的一方，应在不可抗力事件发生后尽快将情况传真通知另一方，并在3日内将有关机构出具的证明文件提交给另一方审阅确认。同时，受影响一方应尽量设法缩小影响和由此引起的延误，一旦不可抗力事件消除，应及时通知对方。一旦不可抗力事故影响120小时以上，双方应通过友好协商在合理的时间内达成进一步履行合同的协议。

15. 终止合同

15.1 如卖方存在下述任一情况，买方有权向卖方发出通知，全部或部分终止本合同：

（1）如果卖方有违反或拒绝执行本合同约定的行为时，买方将以书面形式通知卖方，卖方在接到通知后三天内应对违约行为做出修正，如果认为在三天内来不及纠正的，应提出修正计划。如果得不到纠正或提不出修正计划，视为卖方可能丧失履行债务能力，买方无其他证据即有权立即行使不安抗辩权，终止履行本合同的一部分或全部。对于该等终止，买方应通知卖方，由此而发生的一切费用、损失和索赔将由卖方负担。

（2）卖方交付的合同货物存在严重的质量问题，导致本合同目的不能实现。

（3）如卖方在本合同的竞标或执行过程中有贿赂或欺诈行为。

（4）卖方存在部分转让或全部转让其本应履行合同义务的行为。

（5）卖方存在严重违反合同义务的其他情形。

15.2 买方无正当理由终止合同，应支付卖方已经验收合格的部分合同货物的价款，并赔偿卖方的损失，该赔偿作为买方应承担的全部违约责任，但其赔偿金额应不高于合同尚未交货部分的货物价格的百分之五（5%），本合同自卖方收到买方发出书面终止通知后三十日终止。除上述约定外，双方不因此终止行为而承担任何其他责任。

15.3 如果买方根据上述第 15.1 条的规定，终止了全部或部分合同，买方可以依其认为适当的条件和方法购买与未交货物类似的货物或服务，卖方应承担买方因购买类似货物或服务而产生的额外支出。同时，卖方应继续执行合同中未终止的部分。

15.4 如果卖方破产或无清偿能力，买方可在任何时候以书面形式通知卖方，提出终止合同而不给卖方补偿。该合同的终止将不损害或影响买方已经采取或将要采取的任何行动或补救措施的权力。

16. 争议解决

本合同执行中发生争议，双方应首先通过友好协商，解决再执行本合同过程中所发生的或与本合同有关的一切争端。协商不成或六十日还不能解决，双方均有权向合同签订地有管辖权的人民法院提起诉讼。

17. 合同变更

本合同一经生效，双方均不得擅自对本合同内容做任何单方面的修改。

18. 转让与分包

18.1 除非经买方书面同意，卖方不得转让部分或全部由其履行的合同义务。

18.2 除本合同附录所列的分包人外，未经买方同意，卖方不得以任何形式分包本合同，任何分包不应减少卖方对本合同应负的责任和义务。

19. 适用法律

本合同按中华人民共和国的法律解释。

20. 税费

20.1 政府根据现行税法向买方征收的履行本合同有关的一切税费由买方支付。

20.2 政府根据现行税法向卖方征收的履行本合同有关的一切税费由卖方支付。

21. 合同生效

21.1 本合同经双方签字盖章后，即开始生效。

21.2 本合同一式六份，买卖双方各持三份。

22. 其他

22.1 合同双方的任何一方在未经另一方同意之前均不得将本合同项下的全部或部分权利义务转让给第三方。

22.2 本合同以中文编写。合同执行过程中所涉及相互往来的技术资料、说明书、会议纪要、信函等文件均应以中文编写。

22.3 本合同附件是本合同不可分割的一部分，具有同等法律效力。

附件1 货物及数量一览表

产品名称	规格、型号、技术要求	厂家	计量单位	数量	备注
丝材	牌号：625丝材（ERNiCrMo-3）； 直径：1.14-1.16mm； 化学成分（%）： Ni：58.0min； Al：0.40max； C：0.10max； Cr：20.0-23.0； Mn：0.50max； Ti：0.20max； Nb+Ta：3.5-4.15； S：0.015max； P：0.02max； Cu：0.50max； Mo：8.0-10.0； Si：0.50max； 其他：0.50max，Fe：0.5max		Kg		

附件2 分项价格表

序号	名称	单位	数量	单价（元）	总价（元）
1	丝材	Kg			

合计：人民币　　　元（含13%专增票）（大写：　　　　　）。

买　方：（盖章）　　　　　　卖　方：（盖章）

法定代表人或其授权代表：　　法定代表人或其授权代表：

（签字）　　　　　　　　　　（签字）

年　　月　　日　　　　　　　年　　月　　日

地　址：　　　　　　　　　　地　址：

邮　编：　　　　　　　　　　邮　编：

联系人：　　　　　　　　　　联系人：

电　话：　　　　　　　　　　电　话：

传　真：　　　　　　　　　　传　真：

开户行：　　　　　　　　　　开户行：

账　号：　　　　　　　　　　账　号：

税　号：　　　　　　　　　　税　号：

参考文献

[1] Aamer A M. Outsourcing in non-developed supplier markets: A lean thinking approach[J]. International Journal of Production Research, 2018, 56(18): 6048-6065.

[2] Aber M Y, Goyal S K. Coordinating a three-level supply chain with multiple suppliers, a vendor and multiple buyer[J]. International Journal of Production Economic, 2008, 116(1): 95-103.

[3] Abushaikha I, Salhieh L, Towers N. Improving distribution and business performance through lean warehousing[J]. International Journal of Retail & Distribution Management, 2018, 46(8): 780-800.

[4] Aglan C, Durmusoglu M B. A complete design methodology for lean in-plant logistics to assembly line using ad princples[J]. International Journal of Industrial Engineering-Theory Applications and Practice, 2019, 26(5): 766-796.

[5] Ahmed Shaban, Francesco Costantino, Giulio Di Gravio, et al. A new efficient collaboration model for multi-echelon supply chains[J]. Expert Systems with Applications, 2019(128): 54-66.

[6] Alavidoost M H, Jafarnejad A, BabazadehH. A novel fuzzy mathematical model for an integrated supply chain planning using multi-objective evolutionary algorithm[J]. Soft Computing, 2020, 25(8): 1-25.

[7] Alemsan N, Tortorella G, Rodriguez C M T, et al. Lean and resilience in the healthcare supply chain - A scoping review[J]. International Journal of Lean Six Sigma, 2022.

[8] Allal-Chérif O, Simón-Moya V, Ballester A C C. Intelligent

purchasing: How artificial intelligence can redefine the purchasing function[J]. Journal of Business Research, 2021, 124(1): 69-76.

[9]Al-Refaie A, Al-Tahat M, Lepkova N. Modelling relationships between agility, lean, resilient, green practices in cold supply chains using ISM approach[J]. Technological and Economic Development of Economy, 2020, 26(4): 675-694.

[10]Alshahrani S, Rahman S, Chan C. Hospital-supplier integration and hospital performance: Evidence from Saudi Arabia[J]. International Journal of Logistics Management, 2018, 29(1): 22-45.

[11]Amrani A, Ducq Y. Lean practices implementation in aerospace based on sector characteristics: Methodology and case study[J]. Production Planning & Control 2020, 31(16): 1313-1335.

[12]Argiyantari B, Simatupang T M, Basri M H. Transportation performance improvement through lean thinking implementation[J]. International Journal of Lean Six Sinma, 2022, 13(3): 622-647.

[13]Atashgar K., TaghavianA.. Hybrid approach to managing structured knowledge assets: Focus on project-based organizations[J]. Journal of Social Science and Humanities, 2020, 2(10): 111-123.

[14]Banaszak Z A, Zaremba M B. Project-driven planning and scheduling support for virtual manufacturing[J]. Journal of Intelligent Manufacturing, 2006, 17(6): 641-651.

[15]Barkokebas B, Khalife S, Al-Hussein M, et al. A BIM-lean framework for digitalisation of premanufacturing phases in offsite construction[J]. Engineering Construction & Architectural Management, 2021, 28(8): 2155-2175.

[16]Baryannis G, Validi S, Dani S, et al. Supply chain risk management and artificial intelligence: State of the art and future research directions[J]. Taylor & Francis, 2019(7): 2179-2202.

[17]Bond P L, Green K W J, Inman R A. Relationships among JIT

practices: An interpretive modeling approach[J]. Production Planning and Control, 2020, 31(5): 400-411.

[18]Buer S V, Semini M, Strandhagen J O, et al. The complementary effect of lean manufacturing and digitalisation on operational performance[J]. International Journal of Production Research, 2020, 59(7): 1-17.

[19]Cachon G P, Lariviere M A. Supply chain coordination with revenue-sharing contracts: Strengths and limitations[J]. Management Science, 2005, 51(1): 30-44.

[20]Chaharsooghi S K, Heydari J. Supply chain coordination for the joint determination of order quantity and reorder point using credit option[J]. European Journal of Operational Research, 2010, 204(1): 86-95.

[21]Chen X Y, Guo S S, Du B G, et al. Design and application of project management system for project-driven equipment manufacturing enterprise[J]. Applied Mechanics and Materials, 2013, 2658(397-400): 2610-2617.

[22]Chu N S. Cope with the uncertainty by systematic improvement of lean supply chain management in shipbuilding[J]. Science Research, 2022, 10(2): 45-51.

[23]Cornejo V R, Paz A C, Molina L L, et al. Lean thinking to foster the transition from traditional logistics to the physical internet[J]. Sustainability, 2020, 12(15): 6053.

[24]Diéssica O D, José M F, Juan Manuel M M. Understanding the relationships between information technology and lean and agile supply chain strategies: A systematic literature review[J]. Annals of Operations Research, 2022, 312(2): 973-1005.

[25]Flynn B B, Huo B F, Zhao X D. The impact of supply chain integration on performance: A contingency and configuration approach[J]. Jour-

nal of Operations Management, 2010, 28(1): 58-71.

[26] Gábor Herczeg, Renzo Akkerman, Michael Zwicky Hauschild. Supply chain collaboration in industrial symbiosis networks[J]. Journal of Cleaner Production, 2018, 171(1):1058-1067.

[27] Gabriela P S, Guilherme T, Marina B, et al. A fuzzy maturity-based method for lean supply chain management assessment[J]. International Journal of Lean Six Sigma, 2021, 12(5): 1017-1045.

[28] Gareis R. Management by project: The management strategy of the new project-oriented company[J]. International Journal of Project Management, 1991, 9(2): 71-76.

[29] Garza-Reyes J A, Villarreal B, Kumar V, et al. A lean-TOC approach for improving Emergency Medical Services (EMS) transport and logistics operations[J]. International Jouvnat of Logstics Research and Applications. 2019, 22(3): 253-272.

[30] Gharaei A, Karimi M, Hoseini S S A. Joint economic lot-sizing in multi-product multi-level integrated supply chains: Generalized benders decomposition[J]. International Journal of Systems Science: Operations & Logistics, 2020, 7(4): 1-17.

[31] Giannoccaro I, Pontrandolfo P. Supply chain coordination by revenue sharing contracts[J]. International Journal of Production Economics, 2004, 89(2): 131-139.

[32] Guilherme L T, Ricardo G, Diego D C F, et al. An exploratory study on relationship between lean supply chain practices during the lean implementation[J]. GEPROS: Gestão da Produção, Operações e Sistemas, 2019, 14(1): 252-282.

[33] Guruprasad Pundoor, Zhi-Long Chen. Joint cyclic production and delivery scheduling in a two-stage supply chain[J]. International Journal of Production Economics, 2009, 119(1):55-74.

[34] Hasan S, Khan G, Hoque M R, et al. Lean practices in the Bangladeshi ready-made garments industry and global significance[J]. International Journal of Logistics Research and Applications, 2022, 25(3): 309-327.

[35] Holweg M, Disney S, Holmström J. Supply chain collaboration: Making sense of the strategy continuum[J]. European Management Journal, 2005, 23(2):170-181.

[36] Inman R A, Green K W. Lean and green combine to impact environmental and operational performance[J]. International Journal of Production Research, 2018, 56(14): 4802-4818.

[37] Jakhar S K, Rathore H, Mangla S K. Is lean synergistic with sustainable supply chain? An empirical investigation from emerging economy[J]. Resources Conservation & Recycling, 2018, 139(12): 262-269.

[38] Jan S, Zdeněkĉ. Risk minimisation in integrated supply chains[J]. Open Engineering, 2019, 9(1): 593-599.

[39] Jing S, Hou K, Yan J, et al. Investigating the effect of value stream mapping on procurement effectiveness: A case study[J]. Journal of Intelligent Manufacturing, 2021, 32(4): 935-946.

[40] Kanda A, Deshmukh S G. Supply chain coordination: Perspectives, empirical studies and research directions[J]. International Journal of Production Economics, 2008, 115(2): 316-335.

[41] Karakitsiou A, Migdalas A. A decentralized coordination mechanism for integrated production - transportation - inventory problem in the supply chain using Lagrangian relaxation[J]. Operational Research, 2008, 8(3): 257-278.

[42] Khalfallah M, Lakhal L. The impact of lean manufacturing practices on operational and financial performance: The mediating role of agile manufacturing[J]. International Journal of Quality & Reliability Management, 2021. 38(1): 147-168.

[43] Kim S W, Park S. Development of a three-echelon SC model to optimize coordination costs[J]. European Journal of Operational Research, 2008, 184(3): 1044-1061.

[44] Kit Nam Francis Leung. A generalized algebraic model for optimizing inventory decisions in a centralized or decentralized multi-stage multi-firm supply chain[J]. Transportation Research Part E, 2010, 46(6): 896-912.

[45] Krishnan H. Inventory dynamics and supply chain coordination[J]. Management Science, 2010, 55(2): 46-55.

[46] Lamming R. Squaring lean supply with supply chain management[J]. International Journal of Operations & Production Management, 1996, 16(2): 183-196.

[47] Lii P, Kuo F I. Innovation-oriented supply chain integration for combined competitiveness and firm performance[J]. International Journal of Production Economics, 2016, 174(4): 142-155.

[48] Long Q. A flow-based three-dimensional collaborative decision-making model for supply-chain networks[J]. Knowledge-Based Systems, 2016, 97(6): 101-110.

[49] Lu R, Hong S H. Incentive-based demand response for smart grid with reinforcement learning and deep neural network[J]. Applied Energy, 2019, 236(2): 937-949.

[50] Manthou V, Vlachopoulou M, Folinas D. Virtual e-Chain (VeC) model for supply chain collaboration[J]. International Journal of Production Economics, 2004, 87(3): 241-250.

[51] Maoxing Huang, Zhenzhen Wang, Ting Chen. Analysis on the theory and practice of industrial symbiosis based on bibliometrics and social network analysis[J]. Journal of Cleaner Production, 2019, 213(3): 956-967.

[52] Marodin G, Jabbour C J C, Godinho M, et al. Lean production, in-

formation and communication technologies and operational performance[J]. Total Quality Mangement & Business Excellence, 2022.

[53]Maryam M, Musa S N, Omar M B. Optimisation of multi-plant capacitated lot-sizing problems in an integrated supply chain network using calibrated metaheuristic algorithms[J]. International Journal of Operational Research, 2020, 39(3): 325-363.

[54]Mentzer J T, Flint D J, Hult G T M. Logistics service quality as a segment-customized process[J]. Journal of Marketing, 2001, 65(4): 82-104.

[55]Michael Leigh, Xiaohong Li. Industriale cology, industrial symbiosis and supply chain environmental sustainability: A case study of a large UK distributor[J]. Journal of Cleaner Production, 2015, 106(6):632-643.

[56]Mito K, Lukas H, Volker K. Application of artificial intelligence technology in the manufacturing process and purchasing and supply management[J]. Procedia Computer Science, 2022, 200(1): 1209-1217.

[57]Mourtzis D. Internet based collaboration in the manufacturing supply chain[J]. Journal of Manufacturing Science and Technology, 2011, 6 (5): 128-139.

[58]Moyano-Fuentes J, Bruque-Cámara S, Maqueira-Marín J M. Development and validation of a lean supply chain management measurement instrument[J]. Production Planning & Control, 2019, 30(1): 20-32.

[59]Moyano-Fuentes J, Maqueira-Marín J M, Martínez-Jurado P J, et al. Extending lean management along the supply chain: Impact on efficiency[J]. Journal of Manufacturing Technology Management, 2021, 32(1): 63-84.

[60]MuñozLa R F, Vielma J C, Herrera R F, et al. Waste identification in the operation of Structural Engineering Companies (SEC) according to lean management[J]. Sustainability, 2021, 13(8): 4249.

[61] Nimeh H A, Abdallah A B, Sweis R J. Lean supply chain management practices and performance: Empirical evidence from manufacturing companies[J]. International Jounal of Supply Chain Management, 2018, 7(1): 1-15.

[62] Noelia G B, José M F, Juan M M M. Planteamiento de un modelo de evaluación de lean supply chain management[J]. Revista de Estudios Empresariales. Segunda época, 2019, 1(8): 127-148.

[63] Novais L, Maqueira M J M, Moyano-Fuentes J. Lean production implementation, cloud-supported logistics and supply chain integration: Interrelationships and effects on business performance[J]. The International Journal of Logistics Management, 2020, 31(3): 629-663.

[64] Núez-Merino M, Maqueira-Marín J M, Moyano-Fuentes J, et al. Information and digital technologies of industry 4.0 and lean supply chain management: A systematic literature review[J]. International Journal of Production Research, 2020, 58(16): 5034-5041.

[65] Parveen M, Rao T V V L N. An integrated approach to design and analysis of lean manufacturing system: A perspective of lean supply chain[J]. International Journal of Services & Operations Management, 2009, 5(2): 175.

[66] Peral Toktas Palut, Fusun Ulengin. Coordination in a two-stage capacitated supply chain with multiple suppliers[J]. European Journal of Operational Research, 2011, 211(1): 43-53.

[67] Popaitoon S, Siengthai S. The moderating effect of human resource management practices on the relationship between knowledge absorptive capacity and project performance in project-oriented companies[J]. International Journal of Project Management, 2014, 32(6): 908-920.

[68] Praharsi Y, Jami'In M A, Suhardjito G, et al. The application of Lean Six Sigma and supply chain resilience in maritime industry during the era of COVID-19[J]. International Journal of Lean Six Sigma, 2021, 12(4):

800-834.

[69] Qamar A, Hall M A, Chicksand D, et al. Quality and flexibility performance trade-offs between lean and agile manufacturing firms in the automotive industry[J]. Production Planning And Control, 2020, 31(9): 723-738.

[70] Qamar A, Hall M. Can lean and agile organisations within the UK automotive supply chain be distinguished based upon contextual factors? [J]. Supply Chain Management, 2018, 23(3): 239-254.

[71] Qrunfleh S, Tarafdar M. Lean and agile supply chain strategies and supply chain responsiveness: The role of strategic supplier partnership and postponement[J]. Supply Chain Management, 2013, 18(6): 571-582.

[72] Rajapov A, Ming J. Supply chain coordination with buy-back and wholesale-price contracts under random demand[J]. International Journal of Engineering Research and Applications, 2016, 6(2): 29-33.

[73] Reza E R, Mahshid J. Production and distribution scheduling optimisation in a three-stage integrated supply chain using genetic algorithm[J]. International Journal of Business Performance and Supply Chain Modelling, 2020, 11(1): 36.

[74] Rodrigues V S, Kumar M. Synergies and misalignments in lean and green practices: A logistics industry perspective[J]. Production Planning and Control, 2019, 30(5-6): 369-384.

[75] Ruiz-Benitez R, López C, Real J C. Achieving sustainability through the lean and resilient management of the supply chain[J]. International Journal of Physical Distribution & Logistics Management, 2019, 49(2): 122-155.

[76] Sabri E H, Beamon B M. A multi-objective approach to simultaneous strategic and operational planning in supply chain design[J]. Omega, 2000, 28(5): 581-598.

[77] Saha S, Goyal S K. Supply chain coordination contracts with inven-

tory level and retail price dependent demand[J]. International Journal of Production Economics, 2015, 161(3): 140-152.

[78] Saleheen F, Habib M M. Integrated Supply Chain Performance Measurement Model for the Manufacturing Industry[J]. Journal of Service Science and Management, 2022, 15(2): 55-70.

[79] Scholten K, Schilder S. The role of collaboration in supply chain resilience[J]. Supply Chain Management: An International Journal, 2015, 20(4): 471-484.

[80] Selvaraj H, Ramasamy U. A neoteric approach to geometric shipment policy in an integrated supply chain with setup cost reduction and freight cost using service level constraint[J]. RAIRO-Oper. Res, 2020, 54(3): 653-673.

[81] Slattery J P. Building a project-driven enterprise: how to slash waste and boost profits through lean project management[J]. Journal of Engineering and Technology Management, 2002, 19(3): 346-349.

[82] Stevens G C. Integrating the supply chain[J]. International Journal of Physical Distribution & Logistics Management, 1989, 19(8): 3-8.

[83] Suleiman M A, Huo B, Ye Y. Linking supplier JIT to flexibility performance: The moderating impact of advanced manufacturing technology and human resource empowerment[J]. Industrial Management & Data Systems, 2021, 121(11): 2237-2253.

[84] Talib F, Asjad M, Attri R, et al. A road map for the implementation of integrated JIT-lean practices in Indian manufacturing industries using the best-worst method approach[J]. Journal of Industrial and Production Engineering, 2020, 37(6): 275-291.

[85] Tasdemir C, Hiziroglu S. Achieving cost efficiency through increased inventory leanness: Evidences from oriented strand board (OSB) industry[J]. International Journal of Production Economics, 2019, 208

(2): 412-433.

[86] Thomas D J, Griffin P M. Coordinated supply chain management[J]. European Journal of Operational Research, 1996, 94(10): 1-15.

[87] Trabucco M, De G P. Achieving resilience and business sustainability during COVID-19: The role of lean supply chain practices and digitalization[J]. Sustainability, 2021, 13(22): 1-19.

[88] Wee H M, Wu S. Lean supply chain and its effect on product cost and quality: A case study on Ford Motor Company[J]. Supply Chain Management: An International Journal, 2009(5): 335-341.

[89] Womack J P, Jones D T. Lean thinking, banish waste and create wealth in your corporation[J]. Journal of the Operational Research Society, 1997, 48(11): 1144-1150.

[90] Woo H S. Functional matrix structure for project management in China: The case of a state-owned project-driven enterprise[J]. International Journal of Process Management & Benchmarking, 2008, 2(4): 291-302.

[91] Zhang J X, Li H, Hamed G, et al. Reliability evaluation index for the integrated supply chain utilising BIM and lean approaches[J]. Engineering, Construction and Architectural Management, 2020, 27(5): 997-1038.

[92] 安楠, 强茂山, 郑俊萍, 等. 项目工作扰动下的项目型组织人力资源管理制度[J]. 清华大学学报: 自然科学版, 2020, 60(11): 943-950.

[93] 陈金亮, 宋华, 徐渝. 不对称信息下具有需求预测更新的供应链合同协调研究[J]. 中国管理科学, 2010(1): 84-89.

[94] 陈正林, 王彧. 供应链集成影响上市公司财务绩效的实证研究[J]. 会计研究, 2014(2): 49-56+95.

[95] 陈志祥, 马士华, 陈荣秋. 精细化供应链的竞争[J]. 计算机集成制造系统, 1999, 5(5): 11-16.

[96]陈志祥,马士华.企业集成的系统方法论研究——供应链的系统性、直辖市性和动作范式[J].系统工程理论与实践,2001(4):92-98.

[97]谌亮,桂寿平.集成TRIZ的精益物流管理模式在烟草商业系统应用研究[J].中国烟草学报,2018,24(1):86-92.

[98]程刚,王影洁.项目型企业知识管理能力的模糊灰色关联评价研究[J].情报理论与实践,2013,36(1):59-63.

[99]代宏砚,檀雅静,周伟华.库存不准确环境下考虑实时信息的供应链协同机制设计研究[J].管理工程学报,2018,32(2):228-239.

[100]但斌,肖剑,吴庆.VMI模式下供应商之间的生产进度信息共享研究[J].管理工程学报,2009,4(23):157-159.

[101]邓俊杰,杨晓英,徐彩霞.基于精益思想的耐火材料企业质量管理改进[J].耐火材料,2015,49(3):223-225.

[102]丰景春,唐云清,张健翼,等.PPP模式下项目型企业脆弱性研究述评[J].河海大学学报:哲学社会科学版,2018,20(1):68-75+92.

[103]冯亮.航空制造供应链管理模式与升级[J].山西财经大学学报,2020,42(S2):10-14.

[104]顾复,李文刚,常卫东,等.可持续供应链的精益安全管理[J].高技术通讯,2018,28(2):100-110.

[105]顾涛,李苏建.基于两种改进差分进化的可修备件多级库存优化算法研究[J].机械工程学报,2020,56(14):245-253.

[106]郭晓顺,李文婷.供应链集成对电子设备制造业财务绩效影响的实证检验[J].财会月刊,2017(11):55-59.

[107]侯海东,姜柏桐,李金海.知识经济下项目导向型企业组织结构模式研究[J].科学与科学技术管理,2008(11):151-155.

[108]侯玉梅,田歆,马利军,等.基于供应商促销与销售努力的供应链协同决策[J].系统工程理论与实践,2013(12):3087-3094.

[109] 胡洋. 模式化管理在项目型企业中的运用[J]. 企业管理, 2012(3): 86-89.

[110] 黄焜, 马士华, 冷凯君, 等. 订单不确定条件下的供应链协同决策研究[J]. 中国管理科学, 2011(1): 62-68.

[111] 焦媛媛, 付轼辉, 刘亚光. 项目型企业战略导向对项目组合成功影响研究[J]. 工业工程与管理, 2018, 23(3): 16-23.

[112] 解学梅, 罗丹, 高彦茹. 基于绿色创新的供应链企业协同机理实证研究[J]. 管理工程学报, 2019: 1-9.

[113] 旷乐. 供应链集成对经营性营运资金管理绩效的影响——基于制造业上市公司的实证研究[J]. 会计之友, 2018(3): 95-101.

[114] 赖苑苑, 王佳伟, 宁延. 基于数据价值链的项目型企业数字化转型路径研究——以华为ISDP变革为例[J]. 科技进步与对策, 2022.

[115] 李柏洲, 尹士, 曾经纬, 等. 基于SEM和B-Z反应的集成供应链合作创新机制与动态演化研究——集成供应链关系质量视角[J]. 中国管理科学, 2020, 28(2): 166-177.

[116] 李柏洲, 尹士, 罗小芳. 集成供应链企业合作创新伙伴动态选择研究[J]. 工业工程与管理, 2018, 23(3): 123-131.

[117] 李果, 王兆华. 基于不同交货期策略的供应链库存优化与协调模型[J]. 控制与决策, 2010(12): 1775-1781.

[118] 李杰义. 项目驱动型企业核心能力的测度指标体系与测度方法[J]. 统计与决策, 2009(8): 61-62.

[119] 李洁, 丁子云, 陈雨桐, 等. 项目驱动型企业全面预算管理的困境与对策——基于J信息技术服务公司的案例研究[J]. 财务与会计, 2019(19): 39-42.

[120] 李鹏, 陈菊红, 吴迪. 随机需求环境下多级库存优化问题的改进GSA研究[J]. 西安理工大学学报, 2020, 36(1): 72-79.

[121] 李琦, 刘力钢, 邵剑兵. 数字化转型、供应链集成与企业绩效——企业家精神的调节效应[J]. 经济管理, 2021, 43(10): 5-23.

[122] 李随科, 白思俊, 黄侬, 等. 基于TRIZ理论的项目型企业知识创新研究[J]. 科技管理研究, 2014, 34(1): 151-154+158.

[123] 李薇. 协同电子商务、供应链集成能力与企业绩效关系研究[J]. 软科学, 2011, 25(6): 103-107.

[124] 李咏梅, 陈婧钰. 环境不确定性、供应链集成与企业财务绩效[J]. 会计之友, 2019(6): 119-124.

[125] 李钊, 赵金楼. 项目型企业知识管理能力的模糊综合评价[J]. 情报理论与实践, 2011, 34(2): 54-57.

[126] 林涛, 刘文芳. 服装外贸企业供应链管理模式分析[J]. 商业经济研究, 2015(15): 91-93.

[127] 蔺宇, 韩兵, 张宗达. 基于均衡化对钢铁企业的生产采购协同研究[J]. 工业工程与管理, 2015, 20(2): 40-45.

[128] 刘常乐, 任旭, 郝生跃. 项目型企业知识转移的障碍与动机研究[J]. 情报理论与实践, 2015, 38(3): 40-44.

[129] 刘广平, 陈立文, 王雅洁. 项目导向型企业知识共享路径、障碍及对策研究[J]. 科技管理研究, 2015, 35(13): 146-150.

[130] 刘磊, 王朔, 付亚杰. 面向离散型中小企业的装配车间精益物流系统设计[J]. 制造技术与机床, 2022(3): 166-169.

[131] 卢向南, 朱祥松. 浅议项目导向型企业组织结构的设计[J]. 技术经济与管理研究, 2004(4): 77-78.

[132] 闵新平, 史玉良, 李晖, 等. 基于动态供应链网络的协同行为模式挖掘方法[J]. 计算机集成制造系统, 2016(2): 324-329.

[133] 庞燕. 农产品供应链企业与农户共生关系的优化——以油茶为实证[J]. 求索, 2016(6): 100-103.

[134] 漆大山, 陆毅, 熊杰, 等. "互联网+"下建筑企业智慧采购模式研究[J]. 建筑经济, 2020, 41(3): 38-41.

[135] 齐祥芹, 钱丹蕾, 尤诗翔. 电商企业的精益供应链成本管理研究——以亚马逊为例[J]. 财会月刊, 2019(14): 57-64.

[136]秦立公,朱可可,王译晨.旅游服务供应链集成对旅游服务创新能力的影响:中介与调节效应检验[J].桂林理工大学学报,2019,39(3):751-757.

[137]申嫦娥,魏荣桓,田洲.供应链集成、营运资金管理效率与资本结构[J].学术论坛,2016,39(12):63-68.

[138]沈长山.饲料厂原料物流采购方法研究[J].饲料工业,2018,39(23):59-64.

[139]时茜茜,朱建波,盛昭瀚.重大工程供应链协同合作利益分配研究[J].中国管理科学,2017,25(5):42-51.

[140]孙广磊,李小申,尚有林.时变需求等量进货情形下集成供应链生产订货策略研究[J].运筹与管理,2021,30(9):107-112.

[141]唐小波,黄媛媛.SCM协同管理战略及模型评价[J].情报杂志,2005(1):88-90.

[142]滕箭,滕亮,王建华,等.精益化物流管理对我院药品供应效率优化和用药安全的应用分析[J].中国医院药学杂志,2018,38(11):1217-1221.

[143]汪小京,刘志学,刘丹.时间窗需求下供应商管理库存补货及发货动态批量研究[J].计算机集成制造系统,2010(7):32-28.

[144]王佳,梁锦锦.企业绿色创新投资的平滑机制研究——基于供应链集成的调节作用[J].会计之友,2022(2):76-84.

[145]王家宝,满赛赛,敦帅.基于共生理论的分享经济创新治理[J].治理研究,2020,36(6):112-119.

[146]王淑英,肖星野.基于创新资源配置导向的供应链集成与企业技术创新绩效的关系研究[J].科技管理研究,2018,38(11):122-127.

[147]王玺,梅清晨,贾禄冰.价值流分析在连接器装配中的精益改善应用[J].制造技术与机床,2022(4):154-158.

[148]王永青,单文涛,赵秀云.地区金融发展、供应链集成与企业

银行债务融资[J].经济经纬,2019,36(2):133-140.

[149]王珍珍.基于共生度模型的长江经济带制造业与物流业协同发展研究[J].管理学刊,2017,30(5):34-46.

[150]卫忠.协同供应链多级库存控制的多目标优化模型及其求解方法[J].自动化学报,2007(2):181-188.

[151]魏晨,马士华.基于瓶颈供应商提前期的供应链协同契约研究[J].中国管理科学,2008(5):50-56.

[152]魏炜,申金升.基于贝叶斯更新的供应链协同预测模型研究[J].预测,2010(5):68-73.

[153]魏新平,李征.浅谈智能印刷工厂的建设[J].数字印刷,2018(11):55-57.

[154]吴波,马国栋,艾继涛.基于物联网技术的烟叶精益物流管理探索与实践——以重庆市为例[J].中国烟草学报,2017,23(5):114-120.

[155]吴泓,顾朝林.基于共生理论的区域旅游竞合研究——以淮海经济区为例[J].经济地理,2004(1):104-109.

[156]吴群,唐亚辉,李梦晓,等.物流技术创新对供应链柔性的影响:一个有调节的中介模型[J].管理评论,2020,32(11):270-281.

[157]吴群.共生视角下平台型电商企业与物流服务企业协同稳定性研究[J].当代财经,2020(9):90-100.

[158]吴先金.供应链集成研究[J].中国流通经济,2007(2):22-24.

[159]夏海洋,黄培清.随机需求下提前期可控的生产—库存联合优化模型[J].控制与决策,2008(6):631-637.

[160]谢磊,马士华,桂华明,等.供应物流协同影响机制实证分析[J].科研管理,2014.3(35):147-154.

[161]熊浩,鄢慧丽.二级供应链系统的三阶段协同订货模型[J].中国管理科学,2014(5):69-74.

[162]徐洁.面向学科建设的"精益采购"策略研究——以南京师范大学物理学科外文电子期刊利用计量为例[J].新世纪图书馆,2019(6):26-29.

[163]徐琪,徐福缘.供需网的一个节点:供应链协同管理与决策[J].系统工程理论与实践,2003(8):31-35.

[164]鄢飞,董千里,莉萍.物流服务供应链协同运作机理分析[J].统计与信息论坛,2009,24(8):53-58.

[165]杨超林,沈厚才,高春燕.按单装配系统中组件生产和库存分配控制策略研究[J].自动化学报,2011,37(2):234-240.

[166]伊雅丽.研发型企业多项目人力资源调度研究——基于蚁群优化的超启发式算法[J].工业工程,2018,21(4):104-109.

[167]张翠华,任金玉,于海斌.非对称信息下基于惩罚和奖励的供应链协同机制[J].中国管理科学,2006,14(3):32-37.

[168]张群祥,朱程昊,严响.农户和龙头企业共生模式演化机制研究——基于生态位理论[J].科技管理研究,2017,37(8):201-209.

[169]张省.基于序参量的知识链知识协同机制研究[J].情报理论与实践,2014.3(37):21-24.

[170]张树山,胡化广,孙磊.智能制造有利于增加企业技术创新投入吗——基于智能制造试点的准自然实验[J].科技进步与对策,2021,38(23):76-85.

[171]赵川,揭海华,王珏,等.基于反馈控制的牛鞭效应自补偿对多级库存系统的影响[J].系统工程理论与实践,2018,38(7):1750-1758.

[172]赵军,陈磊.可持续供应链LARG-P指数:基准测试与案例分析[J].中国流通经济,2021,35(1):24-35.

[173]赵爽,王生年,王文涛.经济政策不确定性与供应链集成:"损失规避"抑或"机遇预期"[J].财贸研究,2021,32(7):99-110.

[174]赵昕.机械制造业的精益采购[J].物流技术,2013(24):36-38.

[175]郑鑫,屈挺,聂笃宪,等.双渠道多级分销网络库存优化配置方法[J].工业工程,2019,22(3):110-118.

[176]周豪,郑美妹,夏唐斌,等.多项目背景下的平台零件采购供应商选择与订单分配模型[J].工业工程与管理,2020,25(5):33-41.

[177]周笑寒,陈怡晓,宁延.项目学习机理分析[J].建筑经济,2019,40(9):76-79.

[178]朱方伟,宋琳.项目驱动型企业的组织管理环境构建研究[J].管理学报,2012,9(5):671-677.

[179]朱晓宁,张群,颜瑞,等.供应链协同产品设计开发模型及策略[J].统计与决策,2014(10):40-43.